中华民族精神故事·近代卷

党波涛 编著

中国社会出版社

图书在版编目(CIP)数据

中华民族精神故事．近代卷/党波涛编著．—北京：中国社会出版社，2010.2

ISBN 978-7-5087-2829-2

Ⅰ.中…　Ⅱ.党…　Ⅲ.民族精神—中国—近代—通俗读物

Ⅳ.C955.2-49

中国版本图书馆CIP数据核字（2009）第167262号

丛　书　名：中华民族精神故事

书　　名：中华民族精神故事·近代卷

编　　著：党波涛

责任编辑：杜　康

出版发行：中国社会出版社　　**邮政编码**：100032

通联方式：北京市西城区二龙路甲33号新龙大厦

电　　话：(010)66080300　(010)66083600

(010)66085300　(010)66063678

邮　购　部：(010)66060275　**电　　传**：(010)66051713

网　　址：www.shcbs.com.cn

经　　销：各地新华书店

印刷装订：北京京海印刷厂

开　　本：145mm×210mm　1/32

印　　张：6.5

字　　数：120千字

版　　次：2010年4月第1版

印　　次：2014年3月第2次印刷

定　　价：13.00元

代 序

千秋群英，万世表率
——让孩子们在故事中感受中华民族精神的伟大

盘古开天地，三皇五帝到如今，莽莽神州大地，经历过多少沧海桑田之变，涌现出多少改天换地之士。这些热爱国土、忠于人民的雄杰英烈，用他们的青春和生命捍卫了轩辕炎黄的尊严，谱写出华夏文明的赞歌，铸造成中华民族的魂灵，筑起了千秋万代的丰碑。他们是给我们树立起做人的准则，指点着我们前行的方向。

求索天地间，上下五千年，志士仁人们都因民族的辉煌业绩而骄傲，以先祖的豪言壮举为圭臬。正因为此，在我们神州大地上，从来是英雄辈出。在我们源远流长的中华历史长河中，滔滔不绝的后浪朝气蓬勃地推动着前浪，奋勇地冲开重重阻碍，奔向文明的前方。

曾记否，治水的大禹凿岭通川，移山的愚公废寝忘食；忘不了，屈原“观于四极”之高博眼量，孔子“天下为公”的大同理想；再聆听，岳飞精忠报国的《满江红》，文天祥光照汗青的《正气歌》；更有那，百家诸子的思想宝库，四大发明的创新精神……

常言道：树大根深。我们民族文化的参天大树根之深、叶之茂，可谓举世无双。在先祖开拓的大道上，中华儿女从未停留在树下享受阴凉，而是努力地把前人的优良传统发扬光大，不断地继往开来，推动社会向前发展。

君不见，在波澜壮阔的近代、现代文明史上，一代代英豪劈波斩浪，一页页的华章展现辉煌。从虎门销烟的林则徐、大败法军的冯子材，到甲午海战的邓世昌、戊戌变法的谭嗣同；从开创近代思想先河的魏源、龚自珍，到高擎民主革命大旗的秋瑾、孙中山；从动摇晚清王朝统治根基的太平天国，到结束封建王朝专制的辛亥革命。伟绩丰功，历历在目！

更有那，振聋发聩的五四运动，惊心动魄的二七罢工，披荆斩棘的万里长征，救亡图存的八年抗战……为民主、争自由、求解放的斗争从未止息，不愿做奴隶的人们抛头颅、洒热血，越千关、排万难，把鲜红的旌旗从井冈山、六盘山、宝塔山一直举到了北京天安门城楼！多少年，忧国忧民的刚强斗士们，面临势如累卵的民族危机，不计个人得失，敢对高压强敌，一往无前地拼搏奋进，终于建立了独立自主的新中国！

新中国成立以来，五十六个民族的儿女们团结一心，用自己勤劳的双手，把百废待兴的穷乡僻壤逐步地建设成雄踞东方、举世瞩目的富强之邦！六十年来，多少艰苦奋斗的创业精英，多少自力更生的感人事迹：王进喜、雷锋、焦裕禄、钱学森、任长霞、袁隆平等各行各业的模范人物比比皆是；还有那保家卫国的志愿军、抗洪抢险的先锋队、两弹一星的科学家、遨游太空的宇航员等各条战线的英雄群体层出不穷……

说不尽，道不完，中华文明千古传。虽然，我们美丽富饶的国土和瑰丽多彩的文化曾多次遭受兵燹蹂躏、外侮摧残，但是，我们民族的国魂有着无比坚忍的顽强生命力，历尽风雨的她，仍然闪烁着气象万千的璀璨华光。当然，历史的多次教训明白地宣示，任何事物的发展都不会是一帆风顺的，我们民族的精神文明也会遭遇种种严峻的考验。

特别是，在二十世纪六七十年代的文化浩劫中，华夏千百年形成的辉煌传统受到史无前例的挑战。十余年的暴风骤雨、横扫一切的狂轰滥炸，几乎把历史的纽带一一地全然割断。再加上其后“一切向钱看”经济大潮的冲击，泛起的沉渣与外来的污秽混合成光怪陆离的不良文化，日渐严重地挤占着中华文明的主流地位，由此形成的文化乱象无处不在地笼罩着成长中的80后、90后……“新新人类”的他们，物质上的丰富与享乐大大超越了前辈，但精神上的郁闷和迷失却使他们如同浮萍般浑浑噩噩地漂漂荡荡，不懂幸福为何物，不知前途在何方。

进入21世纪后，青少年成长问题更加突出。由于网上不良信息的蔓延，有害游戏的泛滥，加上遍布城乡的网吧大量违法经营，一群群身心还未成熟的孩子上网成瘾。其结果，近十年来，中国犯罪低龄化越来越严重，仅未成年人犯罪率就上升了83%！各高等院校的学风普遍受到影响，遭到处理而被休学、退学的大学生明显增多，其中80%就是因为网瘾！如何引导广大青少年在新时代健康成长，是摆在全社会面前的一个重大课题。

2004年，党和政府颁布了一个极其重要的文件《中共中央、国务院关于进一步加强和改进未成年人思想道德建设的若干意见》，文件指出：对未成年人的教育“直接关系到中华民族的整体素质”和“实现中华民族的伟大复兴”。党和国家领导人，十分重视对下一代的教育，当年5月10至11日，在北京召开全国加强和改进未成年人思想道德建设工作会议，会议决定采取积极的举措培养中华民族的接班人。

随着党中央关于加强青少年教育文件接二连三的下发，相应的书籍、资料纷纷出版。其中，由党波涛编写的《中华民族精神故事》相当有代表性、针对性和可读性。该书分为“古代卷”

“近代卷”和“现代卷”，把有史以来体现民族精神的典型英雄业绩，以通俗故事的形式娓娓道来，非常适宜青少年的阅读水平与欣赏口味。该书中展现的人物涉及社会各个层面，有利于青少年全方位地了解传统文化，从而领悟中华民族精神之所在。在每个故事之后，都有编者的评述和相关知识链接，前者是把故事中的重点加以纵向突出，来引起青少年读者的重视和深思；后者是把有关联的重要情况作进一步扩展，以帮助孩子们开阔视野。

历史告诉我们，文化指导思想，思想指导言行。在当今多元文化良莠不齐、庞杂混乱的状况下，青少年非常需要传统主流文化的指引。因为，主流文化源于历史进步的积累，是已经被历史证实能够激励人们奋发向上的引导号角，是教育人们向往真善美、充满仁爱心的精神食粮。《中华民族精神故事》读本正好像是一场千秋群英会，为万世后人树立了鲜明的准则和优秀的表率。这套书有助于青少年增进对自己民族精神的领悟，加强他们对自己的根的真切认知，对促使他们脚踏实地的学习做人、做学问、做事业极具教益。我相信，该套书一定能够在指导青少年温故知新、与时俱进上发挥良好的积极作用。为此，我特向编者致以诚挚的谢意！

陶宏开

2009年6月27日于武汉

目录

维护民族尊严、反抗外来侵略的精神

近代以来，帝国主义列强的侵略，给中国人民带来了深重的灾难。中华儿女不畏强暴、奋勇抗争，一批批仁人志士，肩负起抗击西方列强侵略、挽救民族危亡的历史重任。林则徐虎门销烟、甲午海战中邓世昌“誓死与敌舰同沉”，这些都体现出中华儿女整体至上、国家为重的民族大义及视死如归、杀身成仁的民族气节。

改天换地的革命精神

深重的民族危机激发了中华民族救亡图存、变法图强的改良和革命精神，具体表现为：一是开民智、兴民德、鼓民利的启蒙精神。康有为、孙中山积极撰写文章，总结成功与失败的经验教训，描绘蓝图，启发与唤醒全社会民众开创未来社会的新局面。二是积极主动的变革精神。一批仁人志士本着“变者，天下之公理”的精神，积极改变落后中国的面貌。三是大无畏的献身精神。谭嗣同、邹容、秋瑾、林觉民等彰显了资产阶级革命派的英勇献身精神。

正视落后、向西方学习的精神

向西方学习是近代中华民族精神的重要内容。为改变积贫积弱、任人宰割的落后面貌，实现求富求强的目标，中国人民开始了从科技到制度、再到思想的全方位学习西方的历史进程。这种精神表现为两个层面，同时也是向西方学习的两个阶段：第一是觉醒意识。鸦片战争是中华民族反帝斗争的第一次悲壮的战争，也是中华民族觉醒意识的开始。第二是追赶意识。觉醒之后的中国人希望能够通过向西方学习，缩短与西方的差距，实现中华民族的复兴。

追求民主与科学的精神

追求民主与科学是近代中华民族精神的重要内容。民主与科学，虽然来自西方，但自从被介绍到中国以后，就融入中华民族精神的价值体系之中，成为重要的精神传统。中国近代知识分子不但崇尚民主与科学，更身体力行，积极推动近代中国的民主进程，发展近代中国的科学事业。这主要体现在：一是崇尚民主与科学的精神。二是实践民主与科学的精神。近代知识分子并没有满足于了解民主与科学的思想，而是把它们落实到积极践行的层面上来。

维护民族尊严、反抗外来侵略的精神

近代以来，帝国主义列强的侵略，给中国人民带来了深重的灾难。中华儿女不畏强暴、奋勇抗争，一批批仁人志士，肩负起抗击西方列强侵略、挽救民族危亡的历史重任。林则徐虎门销烟、甲午海战中邓世昌"誓死与敌舰同沉"，这些都体现出中华儿女整体至上、国家为重的民族大义及视死如归、杀身成仁的民族气节。

虎门销烟

——林则徐的故事

林则徐（1785—1850年），字元抚，又字少穆，晚号俟村老人、俟村退叟、七十二峰退叟，福建侯官（今福建省福州市）人。中国近代爱国政治家、思想家、诗人。鸦片战争时期主张严禁鸦片、抵抗西方资本主义侵略，坚持维护中国主权和民族利益，缴获和焚毁大批鸦片，并粉碎了英国侵略者的多次武装挑衅，表现出伟大的爱国主义精神。史学界称他为近代中国“开眼看世界的第一人”。

每当人们记述1840年鸦片战争历史的时候，自然会想到当时领导虎门销烟和首举抗击外来侵略旗帜，为国家为人民作出卓越贡献的民族英雄、爱国政治家林则徐。

乾隆五十年（1785），林则徐出生在福建侯官鼓东街（今福州市鼓楼区）一个下层封建知识分子的家庭。

林则徐的父母希望林则徐将来能做官。林则徐生性聪颖，4岁时便由父亲“怀之入塾，抱之膝上”，口授四书五经。14岁中秀才后就到福建著名的鳌峰书院读书，受教于具有实学的郑光策和陈寿祺。嘉庆九年（1804），林则徐20岁中举人。但此后由于家庭困难，外出当塾师。在嘉庆十一年（1806）秋，应房永清之聘到厦门任海防同知书记。这里的鸦片烟毒引起他的注意。同年，受新任福建巡抚张师诚的赏识招入幕府。他在张幕中获知了不少清朝的掌故和兵、刑、礼、乐等知识以及官场经验，为他日后的“入仕”准备了必要条件。

嘉庆十六年（1811），林则徐会试中选，赐进士，选翰林院庶吉士，开始进入了官场。嘉庆十九年（1814）授编修。此后历任国史馆协修、撰文官、翻书房行走、清秘堂办事、江西乡试副考官、云南乡试正考官、江南道监察御史。在为官时期，他矢志做一个济世匡时的正直官吏。于是，他“文学而潜修”。为了通于政事，“益究心经世学，虽居清秘、于六曹事例因革。用人行政之得失，综核无遗”。

嘉庆二十五年（1820）七月，林则徐外任浙江杭嘉湖道。他积极选拔人才，建议兴修海塘水利，颇有作为。道光二年（1822）四月，到浙江受任江南淮海道，未履任前曾署浙江盐运使，整顿盐政，取得成效。林则徐受到道光皇帝的宠信，道光三年（1823）正月，提任江苏按察使。在任上，他整顿吏治、清理积案，平反冤狱，并把鸦片毒害视为社会弊端加以严禁。

道光四年（1824）秋，林则徐先后遭父母丧，在籍守制。直至道光十年（1830）正月再度出仕。

道光十二年（1832）二月，调任江苏巡抚。从这一年起到十六年间，他对农业、漕务、水利、救灾、吏治各方面都做出过成绩，尤其提倡新的农耕技术，推广新农具。

道光十七年（1837）正月，升湖广总督。面对湖北境内每到夏季大河常泛滥成灾，林则徐采取有力措施，提出“修防兼重”，使“江汉数千里长堤，安澜普庆，并支河里堤，亦无一处漫口，”对保障江汉沿岸州县人民的生命财产，作出了不可磨灭的贡献。

当时鸦片问题逐渐成为政治性争论问题之一。道光十六年（1836），太常寺少卿许乃济倡“弛禁论”，请准民间贩卖吸食，使鸦片走私合法化。道光十八年（1838），鸿胪寺卿黄爵滋提出“严禁论”，以重治吸食为先。林则徐曾向朝廷上奏，请求严禁鸦片。未等皇上批示，就开始在湖南、湖北两省厉行禁烟，收缴烟土、烟膏与烟具，并配制“断瘾药丸”，供人戒烟，成效卓著。随后又一道奏折，力陈烟禁特别是杜绝鸦片来源的重要性和禁烟方略，并针对反对派的驳斥强调说：“法当从严，若犹泄视之，是使数十年后，中原几无可以御敌之兵，且无可以充饷之银”，举棋不定的道光帝认识到严禁鸦片的迫切性、必要性和可能性。于是，道光皇帝接受严禁主张，决定禁烟。十一月十五日（12月31日），道光皇帝特命林则徐为钦差大臣赴粤查办禁烟。

林则徐在去广州之前就深入调查了广州鸦片情况，掌握了大量第一手资料。林则徐抵达广州后会同邓延桢等传讯十三行洋商，责令转交谕帖，命外国鸦片贩子限期缴烟，并具保证今后永不夹带鸦片，他还严正声明：“若鸦片一日不绝，本大臣一日不回，誓与此事相始终，断无中止之理。”

1839年3月18日，林则徐发布两个谕帖。3月19日下令禁止外国人离开广州。3月21日下令包围商馆。3月22日下令查拿英国鸦片贩子颠地。

英国驻华商务监督义律的到来使矛盾转移到他身上，他到达当天，林则徐下令停泊在黄浦江上的一切外国船只封舱，当天晚上封锁商馆，并且撤走一切差役和中国雇员。但是，面对林则徐的命令，义律出尔反尔，采取耍赖、讹诈、欺骗、撒谎的卑鄙手法交替使用。义律狡猾多端，但不是林则徐的对手，3月28日，他还是不得不向林则徐呈送了《义律遵谕呈单缴烟二万零二百八十三箱禀》，并被迫同意缴出全部鸦片。

林则徐与邓廷桢等人商议后，就收缴的地点、验收、押运、存储、看管、守卫等各个环节做了精密的安排。

4月10日，林则徐、邓廷桢亲赴虎门检查收缴前各项准备工作。4月11日开始收缴，林则徐亲自监督收缴全过程。用了34天，至5月18日，共收缴烟土19187箱，又2119袋，总重量1188127公斤。

在收缴鸦片的日子里，林则徐一刻不怠地监督这一庞杂的工程。日夜操劳，一丝不苟，无一纰漏。缴烟获得了完全的胜利，但如此巨量的鸦片如何处置，外国人推测中国可能对鸦片实行专卖，从而使鸦片买卖合法化，但他们想错了。林则徐报告道光皇帝，要求验明实物数量，然后焚毁。道光皇帝对林则徐表示了很大的信任，他让林则徐和邓廷桢、怡良等人将收缴的鸦片就地销毁。

6月3日，林则徐下令在虎门将收缴的鸦片公开销毁，并带领大、小官员到场监督。官兵们将鸦片放入挖好的两个大池子里，池中放入卤水，鸦片浸泡半日后，再加上生石灰，生石灰将生水煮沸，就把鸦片销毁了。经过22天，才把缴获的鸦片全部销毁。这就是举世闻名的“虎门销烟”。

销烟的正义行动，得到了广大人民的支持，虎门海滩每天都有上万人观看，人们无不拍手称快。外国人看到这情形，也对林则徐禁烟的果断表示钦佩。

历时22天的虎门销烟，在林则徐的指挥下，向全世界宣告了中华民族决不屈服于侵略的决心。虎门销烟，是人类历史上旷古未有的壮举，虎门销烟，展示出中华民族无与伦比的伟大形象，是抗击外来侵略的胜利。

编者

虎门销烟是我国近代史上反帝斗争中的光辉一页，林则徐领导禁烟运动的胜利，是中国人民反侵略斗争史上第一个伟大胜利，这一壮举，维护了民族的尊严和利益，增长了中国人民的斗志。

知识链接

林则徐名字的来历

1785 年 8 月 30 日，林则徐出生在福建侯官（今福州市）。林则徐的父亲林宾日是位多才而正直的私塾先生，他对当时为官清廉而颇有作为的福建巡抚徐嗣曾十分敬佩。恰巧林则徐出生时，正遇徐嗣曾巡查归来路过家门。林宾日十分高兴，认为这是个吉照，于是便给孩子取名“则徐”。“则”是效法的意思，“则徐”就是要孩子长大成人以后像徐嗣曾那样做官——为官清廉，为民办事，做一个为老百姓所拥戴的好官。

抗英志士
——邓廷桢的故事

邓廷桢（1776—1846 年），字维周，又字嶰筠，晚号妙吉祥老人，又号刚木老人，江苏江宁（今江苏南京市）人。清朝大臣，第一次鸦片战争爆发后，加强海防，击退来犯英军。善诗文，是著名的书法家，著有《双砚斋诗钞》。

邓廷桢 7 岁入私塾，读书过目不忘，11 岁能作五言诗。1801 年中进士，任翰林院编修。后历任浙江宁波、陕西延安、榆林、西安等地知府，湖北按察使、江西布政使、陕西按察使、布政使等职。1826 年，升任安徽巡抚。他为官清正，同情人民，曾为老百姓办过许多好事，深得百姓的称赞。

1835 年，邓廷桢升任两广总督。当时广东鸦片走私猖獗，成为严重的社会问题。他从堵塞白银外流的角度出发，赞成许乃济提出的弛禁鸦片的主张，并提出实施办法，但结果全无实效。后受严禁派的影响，转主严禁。

1837 年英国商务监督义律与鸦片贩子查顿、颠地、马地臣等蓄意破坏鸦片禁令，以武力威胁中国开烟禁，以扩大鸦片贸易和使之合法化。在义律的支持下，武装鸦片走私船只再次窜进黄埔港，私售鸦片。邓廷桢严厉谴责义律的无理挑衅，并指名要他交出并驱逐查顿、颠地、马地臣等九名鸦片贩子出境。然而，义律的强盗行为正是与鸦片贩子共同谋划后进行的，他依赖武力为后盾，既不交出鸦片贩子，也不驱逐他们，对此，邓廷桢坚持寸步不让的方针，迫使义律的威胁无法得逞，不得不自动退出广州。这一年内，英国政府支持的东印度防区舰队司令马他伦率兵舰“窝拉疑”号及五百余名士兵及随军家属到达澳门，声称以商务监督身份来稽查贸易。邓廷桢下令各水、陆师严格把守各要塞隘口，并严加巡防，又严正声明马他伦要进广州不合中国法令，坚决把马他伦赶走，使马他伦的武装挑衅不能得逞。

1838年底，林则徐出任钦差大臣的消息传来，邓廷桢深受鼓舞，加紧查禁鸦片，广州附近的鸦片贩卖几乎绝迹。林则徐抵粤后，他全力配合，整顿海防，厉行禁烟，参与主持虎门销烟，又会同巡视澳门，驻沙角筹划战守，屡挫英国挑衅。

第一次鸦片战争爆发后，邓廷桢认真组织广东的东、西、中三路水师加强海防。督促水师提督关天培在沙角设提督署驻守沙角，密切监视和控制中路海口，并与关天培涉海登山，周密设计虎门三道防线的建设。又明察暗访和封闭了数百个内地窑口，捕获走私和滞留在内河、内洋的船只，禁阻内地走私船和任何船只与那些长期停泊在内、外洋的鸦片趸船靠近，使英国鸦片趸船无法出售鸦片。

1840年，清政府调邓廷桢任闽浙总督。在闽浙总督任内，邓廷桢鉴于福建、浙江军备松弛，防御能力单薄，海防不严，下了一番大工夫进行整顿。抽调了熟悉海防形势、水性的水师官兵，又招募了大批水勇加强防范措施。他一边在泉州招募兵勇加强训练，一边注视着浙江海防的变化，并准备亲自往浙江督战，以后因道光皇帝另派钦差大臣伊里布赴浙江办理军务而作罢。7月闻报英舰进犯厦门，即时赶赴泉州，坐镇指挥，击退来犯的英军。

1840 年 9 月 28 日，清政府因战事失利与英国展开谈判，在投降派的陷害下，道光皇帝下令革了林则徐和邓廷桢的职，派琦善为钦差大臣并接替林则徐为两广总督，令邓廷桢立即由闽浙总督任内折回广东听候处理。

琦善在与义律谈判的过程中，曾以厦门、香港是否可以让给英国作商埠事与邓廷桢商议，邓廷桢极力反对，他说："厦门全闽门户，夷居厦门可以窥内地，且澎湖、台湾之在厦东者，声势为所隔绝，不得联络，其害至深，固万无许理。即香港亦在粤洋中路之中，外环尖沙咀，裙带二屿，夷船常借以避风浪，垂涎久矣，今一朝给予，彼必筑建炮台，始犹自卫，继且入而窥伺，广东货船鳞泊黄埔，辎重在焉，其白黑夷之居史馆者以千百计，皆香港应也，与之良非所便。"

1841 年 1 月 7 日，义律突然袭击沙角、大角炮台，虎门第一道防线被突破。邓廷桢和林则徐此时虽都已革职，但出于爱国之心，他们又亲自到两广总督署敦促琦善派兵支援，琦善竟以"无话商量"而置之不理。

1841 年，道光皇帝颠倒是非，谴责邓廷桢在广东任职多年，懈惰因循，不加整顿，所设排练空费钱粮，全无实用，以致虎门之役不能抵挡。对他从重处理，发配伊犁以效力赎罪，不久被重新起用，任陕西巡抚。1846 年病逝于西安，归葬于南京麒麟门外。

编者

一百多年过去了，邓廷桢热爱祖国、反抗侵略、英勇战斗的精神，仍激励着中国人民。

知识链接

第一次鸦片战争

第一次鸦片战争（1840 年 6 月 28 日—1842 年 8 月，清朝道光二十年至二十二年）是英国对中国发动的一场战争，战争的导火线是英国强行向中国推销鸦片，战争以中国失败而告结束。因此而签署的《南京条约》是近代中国历史上的第一个不平等条约，香港岛也在这次战争中被割让给英国，除此之外，英国还得到最惠国待遇和领事裁判权等，至于割地和赔款，对近代中国来说也是第一次。鸦片战争以后，中国开始由独立的封建国家逐步变成半殖民地半封建的国家，中华民族开始了一百多年屈辱、苦难、探索、斗争的历程。

虎门将领
——关天培的故事

关天培（1781—1841 年），字仲因，号滋圃，汉族，江苏淮安府山阳县（今江苏淮安市楚州区）人，晚清爱国名将。著有《筹海初集》。

关天培幼年读过诗书，原想考科举，后见国防薄弱，决心投笔从戎，改习武科，刻苦攻读《孙子兵法》，并研究军火制造。1803 年他考取武庠生，授漕营右营把总，后从事海防工作。由于他办事认真，得到上司信任，迅速被提升，历任千总、守备、都司、游击、参将、副将、总兵、代理江南提督等职。

1834 年，关天培调任广东水师提督。这年正是英国商务监督律劳卑率兵船蛮横闯入广东省河之后，为了加强海防，清政府调他到这个当时是全国对外交往和贸易的唯一口岸。关天培面临着艰巨的任务，为了专心致志搞好海防，先令妻子奉老母归里，自己带着三个家丁到广州赴任。就任后，他“亲历重洋，遍观厄塞”，根据虎门的险要形势，进行严密设防，设置了三重门户：以沙角、大角两炮台为第一重门户；南山、镇远、横档三炮台为第二重门户，并将其中的南山炮台加以改建，加筑石基，增设月台，改变炮位过高的弱点，改称为威远炮台；狮子洋口的大虎门炮台为第三重门户。这三重门户也就是三条防线，紧紧地把守住珠江口的南大门。与此同时，他又加紧训练水师部队，亲自驻扎在虎门督军操练，每年二月末、八月初，“分饬本标将备，率亲兵五百余名，分赴威远、镇远、横档、大涜、永安、巩固六处，练习炮准，其大角、沙角炮台等处，共兵六百四十名。每次操练可十日为度”。他还将建设虎门要塞的经验和汇集的有关资料，编成《筹海初集》四卷并附有许多详细的地图和训练图、表等，以资参考。

这时鸦片烟流毒全国，鸦片走私贸易极为猖獗，关天培积极协助两广总督邓廷桢进行侦缉。到1839年春林则徐到广东后，关天培更是尽力支持和配合禁烟运动，取得了迫使义律缴出二万余箱、袋鸦片，并在虎门全数销毁的伟大胜利。在林则徐的赞助下，他又在武山上的威远炮台和镇远炮台之间新修筑起一座大炮台，名为靖远，炮洞六十八个，配炮六十尊。其建筑之坚固与火力之充沛，为虎门各炮台之首。当时关天培除自铸铁炮外，还在林则徐、邓廷桢的大力支持下，从澳门等地购进洋炮二百多尊，并严格训练大批招募来的水师兵勇，改革编制，将大鹏营由营改为协，拨副将驻扎那里，与香山协相呼应，又雇用一批米船、红单船、拖风船，利用有利地形与军民在海上与陆上的紧密协作，切实做到严阵以待，以迎击来犯的敌人。林则徐对关天培这些整顿防务的努力予以很高的评价，称赞他“殚精竭虑，寝食以之”。

由于关天培在广东沿海的严密布防，使英国侵略者在这个时期的挑衅与袭击都未能得逞。1839年9月4日，义律率兵船两艘、货船三艘到九龙山口岸以索食为名，突发炮火，进行挑衅活动，遭到大鹏营参将赖恩爵率领的水师猛烈反击，狼狈逃跑。两个月以后，11 月 3 日义律又阻挡英国商船具结，破坏中英正常贸易，挑起穿鼻之战，这次战斗可以说是揭开了中英鸦片战争的序幕，实际上是英国发动鸦片战争的开始。在这次战斗中，关天培亲临督阵，虽手背受伤，仍奋不顾身，执刀屹立，督令弁兵，对准英舰连轰数炮，使它遭到重创，仓皇遁去。此后十天内，英舰又接连向官涌守军发动六次进攻，结果都被增城营参将陈连升等所率领的守军击退，获得全胜。战斗结束后，关天培得到清政府的嘉奖，在道光帝的上谕里写道："此次攻击夷船，提督关天培奋勇直前，身先士卒，可嘉之至！著赏给'法福灵阿巴图鲁'名号"，并下令"交部从优议叙，以示奖励"。

鸦片战争爆发后，关天培督率水师，坚守阵地，并积极组织渔船、蟹艇，利用各种机会袭击侵略军。1840 年 12 月，琦善以钦差大臣和两广总督的身份抵达广州，一反林则徐之所为，遣散兵勇，尽撤海防，将关天培数年来辛苦经营的虎门三道防线并木排铁链全数加以毁弃。关天培为此感到十分痛心，一再要求琦善采取抵抗的积极措施，都遭到拒绝。1841 年 1 月 7 日，英军突然袭击并攻占大角、沙角炮台，副将陈连升壮烈牺牲，虎门形势十分危急。当时，关天培与总兵李廷钰各只有弱兵数百，分守靖远、威远两炮台，请琦善派兵支援，琦善仅遣兵二百进行敷衍。1841 年 2 月 26 日，英军大举进攻虎门诸炮台，而守军才几百人，关天培在孤军无援的绝境下，决心死守阵地，将自己的财物全部分赠将士，鼓励他们英勇杀敌，他与游击麦廷章等昼夜督战。敌军在占领横档、永安等炮台后，集中兵力进攻靖远和威远炮台，关天培亲燃大炮自上午十时至下午七时，与敌激战达十二小时之久。敌人自炮台背后进攻，关天培身被数十创，犹持刀拼杀，最后英勇牺牲，游击麦廷章及所部战士数十人也都壮烈捐躯。

关天培在牺牲前特地委派家丁将他的广东水师提督官印送

走。他早已做好为国捐躯的准备，开战前给家人寄去一个匣子，内放几枚牙齿和几套旧衣服，表示自己必死的决心。他的遗体由家丁在乱尸中找到，身体的一半已被炮火烧焦了。出葬的那天，“士大夫数百人缟衣迎送，旁观者咸痛哭失声”。

编者

关天培是著名的抗英民族英雄，被誉为深具民族气节的一代名将。他为巩固祖国南方海防，为根除鸦片祸害，为捍卫祖国的主权，为捍卫中华民族的生存和独立，竭尽心力，鞠躬尽瘁，最后用热血和生命，写下了中国近代史上反侵略斗争的光辉篇章。

知识链接

关忠节公祠

江苏省淮安市楚州城内县东街有一座古朴肃穆的祠堂——关忠节公祠，为纪念民族英雄关天培所建。原为三间大殿、两间厢房，被古色古香的花墙小院护围着。神台上，关天培官服塑像栩栩如生，两旁一对亲随，分别执剑捧书。享殿门上悬有“关忠节公祠”长匾额。殿两旁悬有大书法家周木斋书写的林则徐的楠木挽联。

关天培墓，建在城东乡南窑九村，墓旁流水潺潺，松柏参天。它与关忠节公祠一起，成为淮安市重要的爱国主义教育基地。

起义领袖
——洪秀全的故事

洪秀全（1814—1864年），原名洪仁坤、洪火秀，汉族人，广东花县（今广州花都区）人。太平天国创建者及思想指导者。

洪秀全少时就学于本村书塾，他天资聪慧，学习刻苦，除熟读四书五经等古籍外，还自学历史、地理书籍。16岁时，因家贫辍学，在家帮助种田、养猪、放牛。18岁那年，他担任了本村塾师。之后，他先后三次去广州参加科举考试，但屡试不中，思想颇受刺激。1843年春天，他再次去广州应试，结果又名落孙山。在回故乡的船上，洪秀全凝视着波光粼粼的江水，万千思绪，萦绕心头。当时，正是鸦片战争结束后不久，祖国处于风雨飘摇之中。他决心抛弃“学而优则仕”的精神枷锁，挥笔写下一首气壮山河的诗篇：“龙潜海角恐惊天，暂且偷闲跃在渊。等待风云齐聚会，飞腾天下定乾坤。”洪秀全怀着对国事的担忧，对科举的愤懑回到家乡。

回到家的洪秀全想起了早年阅读的基督教布道书《劝世良言》。这是一部基督教徒传教的书，内容荒诞，尽是欺人之谈。但他从中受到某些启发，决定附会《劝世良言》，以宗教为掩护，创建一个革命组织。1843 年 5 月的一天夜晚，洪秀全、洪仁玕、冯云山等人聚在一起，宣布成立“拜上帝会”。此后，他们前往广州和附近各县及广西贵县开展传教活动，宣传拜上帝、不拜仙佛邪神的道理。

此后两年间，洪秀全倾注全部心血，相继撰写了《百正歌》、《原道救世歌》、《原道醒世训》等多篇小说诗歌文学作品，谴责当时社会的腐败、堕落，要求人们净化思想，信拜上帝，以回复到古代“天下为公”的盛世。1847 年再赴广西。时冯云山在广西桂平紫荆山区传教获得成功，信徒日增，他被奉为首领。

在广西，洪秀全与冯云山共同策划，制定了宗教和道德的戒律“十款天条”和各种仪式，组织和约束拜上帝会会众。由于影响不断扩大，拜上帝会与当地封建传统势力发生冲突，斗争日剧。其间，洪秀全与冯云山及广西人杨秀清、萧朝贵、韦昌辉、石达开形成领导核心，逐渐明确了推翻不信上帝的清朝统治者而另建新朝的目标。洪秀全自称天父次子、天兄耶稣胞弟，其余五首领并为天父之子，以坚定信徒信心。1850 年夏，广西天地会群众的自发斗争达到高潮，清朝在广西的统治濒于瘫痪，洪秀全乘机通知散居各地的信徒到桂平金田村会合。半年间，会集万人，编组成军。1851 年 1 月 11 日建号“太平天国”，他称天王。同年，设官封王，建立各项制度。1852—1853 年，统率所编太平军与清军作战，入湖南进湖北，沿长江攻占南京建都（号天京），统治长江中下游广大地区。

建都后，洪秀全颁布了《天朝田亩制度》。这一文件勾画出他理想中的社会蓝图：实行“凡天下田，天下人同耕”，每人都授予土地，不论男女，照人口均分；以古代《周礼》的制度编组户口，每二十五家为一“两”，为管理生产和分配的最基层的组织；每“两”设一国库，收成时，除足本“两”人户口粮外均归国库，每“两”人户婚娶弥月所需俱用国库，鳏寡孤独由国库供养。这是建立一个平均的、自给自足的、公有的小农社会的理想模式。但洪秀全的这种构想并不很缜密。1859 年辅政的洪仁玕提出《资政新篇》，主张兴办交通、银行和矿业等，与《天朝田亩制度》的倾向完全不同，洪秀全也批示同意。以后又重新刊布《天朝田亩制度》，但其中主要内容如平分土地等并未实行。在思想文化方面，洪秀全以上帝为独一真神，打击佛教、道教，在建都天京后又发起了严禁一切孔孟诸子百家书籍的运动，只允许基督教的新、旧约圣经和太平天国编写的书籍流传，以图加强思想统治。杨秀清反对这一政策，在 1854 年 2 月以天父下凡方式肯定四书、十三经及其他古书的价值。洪秀全遂下诏删改四书等儒家典籍，宣布删改后准人民阅读。但此事迄未完成，终太平天国之世并未出版改定后的四书五经，洪秀全本人对古人古书的严厉态度也没有改变。与此同时，洪秀全还提倡文以纪实，反对浮文典故。

1856 年 9 月，太平天国发生内乱。主要问题发生在杨秀清同洪秀全和其他高级领袖之间。洪秀全虽是天王，但杨秀清掌握了军政实权；并常以天父代言人之名，超越洪秀全之上。韦昌辉在洪秀全的默许下杀杨秀清；又扩大事态，滥杀杨秀清部属多人。洪秀全在石达开起兵威胁下，杀韦昌辉，以石达开主政。但不久又对石达开心存疑忌，多方牵制，致石达开于次年带兵出走，与洪秀全分裂。此次内讧，极大地打击了太平天国，损伤了实力。

1858 年，洪秀全重建领导核心，提拔后起的陈玉成、李秀成、李世贤等为方面军统帅，自己兼任军师。但鉴于杨、韦、石事件，家天下思想加重，多任用年幼无知或才干不足的兄弟子侄，使领导机构的能力大为降低。1859 年，任命新到天京的族弟洪仁玕为“精忠军师干王”，居于首辅地位。洪仁玕颇具政治资才，但与太平天国渊源较浅，引起宿将不服。洪秀全遂普遍加官晋爵，以团结人心，虽收到暂时效果，却导致了各将领据地自雄的局面。

1860 年太平天国攻占苏南等地后，与盘踞上海等地的外国侵略势力接触日多，引起严重冲突。英国要求太平军不进攻上海等条约口岸地区。几经交涉，洪秀全同意在 1861 年内不进入距上海一百里以内地区；但拒绝了英国要求继续延期的威胁，于 1862 年 1 月派兵进攻上海。曾有外国势力提出愿与太平天国合作，推翻清朝，平分中国土地，洪秀全断然拒绝。

第二次鸦片战争后，清政府勾结外国侵略势力，加紧镇压太平天国。1863 年太平天国统治区相继失陷，天京遭清军包围，粮尽援绝。李秀成建议“让城别走”，洪秀全不从，坚持株守天京。城内缺粮，他亲自在宫中草地寻拣百草，制作成团，称为“甜露”，要人民以“甜露”为食。1864 年 6 月 1 日，因病去世。一个半月后，7 月 19 日，清军攻破天京，太平天国中央政权灭亡。

编者

洪秀全领导的太平天国农民战争，历时 14 年，势力发展到 18 省，先后攻占 600 多座城市，给了中外反动势力以沉重打击。颁布的《天朝田亩制度》，提出了改变土地制度和其他改革社会的措施。其内容表现了农民反封建的要求和解决土地问题的强烈愿望。纲领内容的完备性和深刻性，使太平天国革命达到了中国历代农民革命所能达到的最高思想境界。

知识链接

拜上帝会是什么组织

拜上帝会也称“拜上帝教”或“太平基督教”。中国清代太平天国领袖洪秀全吸收基督教教义而成立的特殊基督教组织。19世纪中期，洪秀全受基督教布道书《劝世良言》的影响，在家乡广东花县组织拜上帝会，并模拟《劝世良言》写成《原道救世歌》《原道醒世训》《原道觉世训》等书，作为该会教义，同时又制定了宗教仪式与会规。洪秀全曾专程到广州学习基督教教义，但因其“信仰不纯”而未能受洗。其后他便自称上帝次子，称耶稣为天兄，并将此作为组织管理农民起义队伍的手段。拜上帝会虽曾得益于基督教，但在许多方面与基督教大相径庭。洪秀全以拜上帝会为组织形式，以会员为基本力量，发动反清武装起义，建立了太平天国。

台湾巡抚

——刘铭传的故事

刘铭传（1836—1896 年），字省三，号大潜山人，安徽合肥人，清末著名淮军将领。1885 年台湾设省，为首任台湾巡抚。

刘铭传出生于安徽肥西县刘老圩一个农民家庭。自幼托身陇亩，生活非常窘困。但为人刚毅任侠，耿介勇敢，平时喜欢耍枪弄棒，练就一身武艺。曾杀土豪、劫富户、捍法网，闯荡江湖，成为官府追捕的要犯。

1854 年，他接受官府招安，在乡兴办团练。当时太平天国运动正如火如荼地展开，刘铭传率团练与太平军对抗。1859 年，率团勇攻陷六安、驰援寿州，因功升千总。1862 年，率练勇编入李鸿章的淮军，号称“铭字营”。在追随李鸿章、曾国藩镇压太平天国运动和捻军起义的过程中，刘铭传因凶悍善战，战功显赫，很快由千总、都司、参将、副将提升为记名总兵，成为李鸿章麾下的一员大将。1865 年，因在山东镇压捻军而提升为直隶总督，并获得清廷三等轻车都尉世职及一等男爵的封赏。1868 年，奉旨督办陕西军务，不久因积劳成疾，辞官回乡。

1883 年 12 月，中法战争爆发。已解甲归田，在乡间隐居多年的刘铭传愤然而起，准备重赴沙场，杀敌报国。1884 年清政府任命他督办台湾军务，不久又授福建巡抚，加兵部尚书衔。刘铭传于1884年7月16日抵达台湾基隆，第二天即巡视要塞炮台，检查军事设施，并增筑炮台、护营，加强台北防务。在他到达基隆的第15天，战争就爆发了。守军在刘铭传亲自统率下从各个方向进行反击，逐渐缩小包围圈。经过几小时的激战，法军伤亡100余人，狼狈逃回军舰，侵占基隆的计划破产了。

10月1日，法军再犯基隆。清军奋勇抵抗约两小时，伤亡百余人，最后被迫后撤。法军乘势登陆进攻，基隆港湾及周围阵地尽失，基隆市区告危。这时，法军在利士比的指挥下正进攻沪尾。刘铭传在得到大批法军猛攻沪尾，沪尾不断告急要求增援的消息后，考虑到台北府城是统帅部所在地，军资饷械集中于此，不可稍有疏失。为保台北，沪尾重于基隆，于是决定撤离基隆，移师沪尾。法军占领基隆后，于8日又对沪尾发起进攻。利士比以战舰七艘轰击沪尾市街和各处据点，然后登陆，分几路前进。法军不惯于陆战，一进丛林，便失去了统一指挥，只得各自为战。这时，预先埋伏在各处的清军从北、东、南三个方向奋起截杀，锐不可当。在短兵相战中，守军充分发挥自己的优势展开近战，使法军溃不成军，伤亡累累。到最后，法军弹药已罄，全线崩溃，只得奔向海滩，逃回舰上。在这场战斗中，法方死27人，伤49人；刘铭传在给朝廷的奏折中说："我军阵亡哨官三员，死伤兵勇百余人，法军被斩首二十五级，枪杀三百余人。此外又俘获法兵十四名，枭首示众。"通过这次战役，法国人不得不承认："淡水的败战突然发生，它一方面使我们看出中国兵力的强大，一方面使我们明白局势的危险。这次败战是难以补救的。"自此以后，法国舰队只能轮流在淡水河口对这个海港实施封锁，再没有能力发动进攻了。

10月11日，法国拟定新的和议条件，其中一条是法国占领基隆、淡水作为可以接受第三者调停的先决条件。由于淡水大捷，清政府断然拒绝这样的条件。为了挽救进攻受挫、和谈停顿的困境，法国侵略者宣布自10月23日起封锁台湾。法军的封锁使台湾对外贸易交通中断，生产停滞，粮饷支绌。但在这种情况下，全台军民同仇敌忾，有钱出钱，有力出力，支援前线。许多大陆大小船只，不顾风浪和被截捕的危险，采取夜航、偷渡或在东南部海岸登陆等方式，突破法军封锁线，把3000名淮军、60门钢炮、9000支步枪、200万发弹药、40只鱼雷和10万两饷银安全运到台湾。沿海地方当局也纷纷“协饷馈械，南洋最多，北洋次之”。此外，云南、广西两省军队也相机向安南边境的法军阵地进攻，以为牵制。在全国上下的大力支援下，台湾终于度过了法军封锁所引起的社会和经济危机，使敌人的封锁计划完全破产。

法军自淡水惨败后，即集中注意力于基隆。从11月以来，双方冲突时断时续。1885年1月以后，战事加剧。3月初，法军增兵大批到达，3日法军派出精锐1300余人猛扑月眉山，5日又出动2000人直攻戏台山。守军腹背受敌，抵挡不住，月眉山失守，退守基隆河南岸，河北地区悉为敌所占据。两军隔河对峙，直至战争结束。法军多次进攻，用了不少气力，而始终局促于基隆港周围一隅之地，经常受到强大守军反攻的威胁。为了摆脱进退维谷的困境，法军于3月29日向澎湖发起进攻，31日占领澎湖岛。但与此同时，法军在镇南关大败，导致茹费理内阁倒台，中国占有了极其有利的形势。清政府决定“乘胜即收”，4月4日与法国签订停战协定。1885年6月9日，《中法合订越南条约》在天津正式签订，中国承认越南为法国的保护国，开放蒙自、龙州两地与法国通商，法军撤出基隆、澎湖，并撤销对中国海面的封锁。在中国军民的英勇抵抗下，法国侵占台湾的战争以失败而告结束。刘铭传领导台湾军民顽强坚持战斗，苦战数月，为中法战争最终取得胜利作出了极大贡献。

外国列强接连不断的窥伺和侵略，尤其是日本和法国的两次大规模侵台战争，使清政府逐渐认识到台湾是“南洋之枢纽”、“七省之藩篱”，加强建设、巩固海防已刻不容缓。在此之前，1874 年清政府已采纳沈葆桢建议，设立了福建巡抚冬春驻台，夏秋驻省的制度。在以后的具体实施中，由于福州、台湾远隔重洋，实则难以兼顾。中法战争，台湾成为一个重要的战场，战争暴露了清政府在军事上的突出弱点，尤其是海防的薄弱，这在战后成为清廷内部讨论的主要议题。

在几经讨论后，1885 年，清政府决定在台湾正式建省，改福建巡抚为台湾巡抚，任命抗法有功的原福建巡抚刘铭传为第一任台湾巡抚。

编者

台湾首任巡抚刘铭传是清末洋务运动中比较具有时代眼光、革新思想和实干精神的杰出代表人物。在他任职巡抚的六年中，对台湾的国防、行政、财政、生产、交通、教育，进行了广泛而大胆的改革，全面推进台湾的近代化进程，使台湾的面貌焕然一新。

知识链接

淮军

晚清时曾国藩指示李鸿章招募淮勇编练的一支军队。淮军出于湘军。1861 年，太平军向上海进军，上海守备清军不能抵抗，外援英军未到，当时曾国藩为两江总督，湘军驻安庆，上海地方官绅派代表向他求援。曾国藩早有用湘军制度练两淮勇丁的计划，即命李鸿章招募淮勇，于1862年3月在安庆编成一军，称“淮勇”，又称“淮军”。其后，淮军乘英国轮船，闯过太平天国辖境，前往上海，与英、美各军合作对抗太平军。

淮军成立时有六千五百人。1862年4、5月间抵上海后，又以外军的支援和上海海关税收购置洋枪洋炮，扩编部队。至1864年，淮军先与英、法军和常胜军相勾结，在上海附近对抗太平军，继配合湘军在苏、浙等地进攻太平天国。太平天国首都天京（今南京）陷落后，1864年秋冬，淮军经过裁撤，尚存一百零四营，五万余人。1865年至1868年间，作为清军主力，在曾国藩、李鸿章率领下，先后在安徽、湖北、河南、山东、江苏、直隶（约今河北）等地，与捻军作战。捻军被镇压后，淮军担负北自天津、保定，南迄上海、吴淞，南北数千里江海要地的防守。李鸿章以淮军势力为基础，掌握了国家外交、军事和经济大权，成为晚清政局中的重要人物。淮军主要将领张树声、刘铭传、周盛波、潘鼎新、吴长庆、丁汝昌、叶志超、卫汝贵、聂士成等，形成淮系军阀，是晚清统治阶层中一个重要的武装政治集团。

殉职海疆

——裕谦的故事

裕谦（1793—1841 年）原名裕泰，字鲁山、衣谷，号舒亭。博罗忒氏，蒙古镶黄旗（今锡林郭勒盟商都镶黄旗）人。出身于将门世家。鸦片战争时期出任两江总督。英军进攻镇海，裕谦跳入泮池，以身殉国。

裕谦出生在一个蒙古族官僚家庭。1817 年，24 岁的裕谦考中进士。1826 年，出任湖北荆州知府。后来相继升任江苏按察使、布政使。1840 年，被委任江苏巡抚、署理两江总督。不久担任钦差大臣、两江总督的显赫官职。

从他出任知府至巡抚、总督的十余年间，为官清廉，体察民情，抑制豪强，讲求吏治，热心兴修水利，赈济灾民，尤其对日益泛滥的鸦片流毒十分关注。他指出：“方今最为民害者，惟鸦片烟一项，流毒既广，病民尤烈。”“鸦片烟上干国宪，下病民生，数十年来银出外洋，毒流中国，患甚于洪水猛兽”。因而提出严厉查禁鸦片“尤为目前急务”。

1840 年 5 月，鸦片战争爆发。6 月英军强占定海，直接威胁江、浙。当时，裕谦以江苏巡抚兼署两江总督，他反对妥协，坚持抵抗侵略。奏请添铸火炮，建造炮台，加强江苏沿海防御，尤其重视宝山、上海的备战。

同年7月，道光帝任命伊里布为钦差大臣前往浙江筹办进剿，收复定海，但伊里布慑于英军船坚炮利，竭力散播悲观论调，对收复定海持观望态度，无所事事。10月，派家丁携带牛羊犒赏北上白河返回定海的英军，甚至擅自与英军头目义律签订浙江停战协定，还通过侵略者与广东琦善相勾搭。裕谦对伊里布媚外卖国的行径非常愤慨。与此同时，他上书奏劾琦善“张皇欺饰”“弛备损威”“违制擅权”“将就苟且”“失体招衅”五大罪状，揭露其“以抚误战”“以该夷求抚为可恃，而以我兵严堵为非计”“惟务夸张外夷，以挟制中国”的媚外卖国行径。裕谦这种捍卫民族利益，坚决抵抗外国侵略，并与当权的妥协、投降派作无情斗争的精神，受到当时爱国士大夫的热烈赞扬。

伊里布被革职，道光帝又授裕谦为两江总督。裕谦自2月7日从上海抵镇海军营接受钦差大臣关防后，他一方面认真督办浙江防务；一方面继续和广东的妥协、投降派斗争。对当时整个浙江战场，他采取“以守为战，以御为剿”的战略，并且，亲自制定定海抚恤设守章程。他一方面认真安抚定海难民，一方面采取积极措施，大力加强定海防务。

同年4月，林则徐奉旨以四品卿衔赴浙。裕谦素来敬重林则徐，当他4月7日接到道光帝密谕，即奏请起用林则徐。他说：“该员向为兵民所悦服，逆夷所畏惮，其一切设施，亦能体用兼备，奴才素所深知。”

裕谦自赴浙督办军务以来，深感浙江提督余步云难以依靠，对其以往伙同伊里布对外妥协劣迹是清楚的，而对侵略者暗用余步云牵制他的情况并未觉察，所以没有将余步云及时撤换。当7月10日厦门失守，英舰沿海北上，裕谦得报，便集兵镇海，举行庄严的盟神誓师，申明“受命专讨，义在必克，文武将佐，敢有受夷一纸书，去镇海一步者，明正典刑，幽遭神殛。”言辞慷慨，闻者振奋。而余步云则首鼠两端，假托足疾，不予行礼。8月初，镇海童生陈在镐前来裕谦军营献策，裕谦闻其“有通夷情事”，曾与义律有四次往来，立即将他押发镇海县收管，于11日宣告封港。

17日，定海再度失守，裕谦更是“不禁眦裂发指！”他预料“定海既陷，虏必扬舟深入”，侵占镇海，因而更加“激励将士，凭城固守”。当时，镇海兵力薄弱，而且援兵又未到，裕谦临危不惧，誓死报国，坚定守卫镇海，他决心“城存与存”，决不退缩。

8月26日凌晨，英军数千人，分路进犯金鸡、招宝两山。裕谦“亲援枹鼓”，督战威远城。当日自辰至午，金鸡山官兵奋力抵抗，击毙英军数百人，战斗非常激烈。“时金鸡山、招宝山前后及北城后海等处，炮声齐发，彼此轰击，烟火漫天。”贪生怕死的败类余步云竟然临阵不命令士兵开炮，甚至单骑上城，谒见裕谦，以“保全数百万生灵”为词，请派外委陈志刚前往英舰求和，以“暂事羁縻”。裕谦指责他“苟且旦夕，况有伤国体”。

后来，余步云又登城向裕谦哀求：“以伊一人身死，分所宜然，但家中妻子儿女三十余口，实属可怜！”裕谦对他说：“儿女情长，英雄不免，但忠义事大，此志不可夺。”10月9日，余步云眼见英军欲登招宝山，便丢弃炮台逃走，裕谦在城上鸣炮制止，但士兵绕转山后，仍纷纷跟着余步云溃逃。

英军以猛烈炮火掩护，从金鸡、招宝两山背小港口强行登陆，由金鸡山后夺占山梁，并从招宝山后绕到山前，配合舰队炮击，构成三面夹攻，环击沙蟹岭，谢朝恩力战阵亡。招宝、金鸡两山失守，守兵溃散。英军占领威远城，以大炮俯轰镇海，掩护军队从东门缘梯攀城。裕谦看到大势已去，知城不可守，便怀着失地辱国义愤，跳沉泮池，以身殉国，后被抢救，护送出城。10月10日至余姚气绝，葬于杭州。

编者

裕谦是中国近代史上一位杰出的爱国主义者，也是近代蒙古族历史上的民族英雄。他督战镇海，临危不惧，以身报国，浩气凛然，与贪生怕死，临阵溃逃的民族败类余步云形成了鲜明对照，尤其在与外国侵略者斗争时立场之坚定，与国内妥协、投降派斗争其态度之坚决，在当时满蒙族的封疆大吏中更属凤毛麟角的人物。

知识链接

镶黄旗

镶黄旗位于内蒙古自治区中部、锡林郭勒盟西南端，北部地处浑善达克沙地西南边缘。清代蒙八旗之一，建于明万历四十三年（1615），因旗色为黄色镶红边而得名，镶黄旗是上三旗之一，旗内无王，由皇帝所亲统，兵为皇帝亲兵，侍卫皇室的成员也从上三旗中选。清末时的规模是辖84个整佐领又两个半分佐领，约2.6万兵丁，男女老少总人口13万人。很多清皇室成员都是镶黄旗，如嘉庆帝的皇后孝和睿，乾隆帝的皇贵妃，“垂帘听政”的慈禧和慈安（也称东宫）都是，朝廷的高级官员中也有不少是来自镶黄旗的。

保卫定海
——葛云飞的故事

葛云飞（1789—1841 年），字鹏起、凌台，号雨田，浙江山阴（今杭州市萧山区）人。鸦片战争时期保卫浙江定海的总兵、著名的抗英民族英雄。著有《制械制药要言》《浙海险要图书》《名将录》等诗文数十卷，被人誉为文武兼通的将领。

1789 年，葛云飞出生在一个清朝下级军官的家庭。在其父培育下，读书习武，学得一手好射技。他对岳飞尤其赞赏，还将两汉至明代的十一位著名将领事迹编成《名将录》，以勉励自己。葛云飞 30 岁考中武举人，35 岁考中武进士。从 1824 年开始，先后在浙江宁波、黄岩、温州、乍浦、瑞安、定海和福建的烽火门等地水师营任职，因缉捕“海盗”，屡建军功。1838 年提拔为浙江定海镇总兵。

葛云飞任浙江定海镇总兵不久，1839 年因其父逝世，他便丁忧回籍。临行之前，他曾上书筹海八十七条，认为广东查禁鸦片，外夷阴险，恐有兵事，波及浙洋，应当事先定谋。果然，不到一年，英军于 1840 年 6 月 7 日侵占定海。7 月，葛云飞抵镇海，浙江巡抚乌尔恭额前来问计，葛云飞对他说：“今日所急，当先守后战”，积极备防，并呈上《灭夷十二策》。于是，乌尔恭额便委任他主持镇海军事。他以劲兵扼守招宝、金鸡两山，关内安设巨炮，江岸筑土城，而江心及隘巷，则树木桩、排筏，以阻遏英军来犯。

8月，王锡朋从吴淞调赴宁波，任镇海诸军翼长，葛云飞与他曾请求迅速出兵收复定海，但被一意妥协求和的钦差大臣伊里布所拒绝。伊里布甚至还打算邀请英国全权代表义律来镇海谈判，要求葛云飞也参加，葛云飞断然拒绝。直到1841年1月，琦善与义律议订《穿鼻草约》，英军强占香港之后，表示愿意归还定海，伊里布便派人前往与英将舶诅联系。2月，由葛云飞和寿春镇总兵王锡朋、处州镇总兵郑国鸿，带兵三千人，渡海接收。接收期间，葛云飞坚持先退城，后释俘，否则施以兵威，逼令英军撤出定海。

自道光帝于正月初发布对英宣战诏令后，曾命伊里布进兵，“收复定海”，但伊里布畏缩不前，一再要求对敌妥协，被道光帝严斥，改派江苏巡抚裕谦为钦差大臣代替伊里布主持浙江军务，负责浙江前线指挥。2月7日，裕谦抵镇海军营，3月6日又亲到定海前沿阵地。后又被任命两江总督。

1841年9月26日，英舰二十九艘，结集舟山群岛黄牛礁一带，侦察定海洋面。三镇总兵原先皆守城，事急便申军约，激重赏，分守要地。寿春镇总兵王锡朋出守晓峰岭，处州镇总兵郑国鸿守卫竹山门，而定海镇总兵葛云飞则率部踞守土城，当敌要冲。

第二天拂晓，英军利用大雾天气，乘清军饥疲交困之机，驶舰进犯。葛云飞亲自开炮，击中舰上火药，当即焚烧，片板无存。英军驱使闽、粤亡命之徒一万余人，分作三路：一由五奎山迎面攻打；一由东面东港浦；一由西北晓峰岭，向清军发动总攻。英军仗着优势兵力，分番迭进，清军寡不敌众，倚崖踞守。官兵日夜苦战，不得安息，食物又供应不足，饥疲交加，且连日天雨，衣甲尽湿，仍艰苦卓绝，往返泥泞，士气高昂，全力反击。王锡朋带领寿春亲兵，首当其锋。

当英军在炮火掩护下，纷纷冲上山时，王锡朋振臂一呼，寿春兵炮火齐发，英军惊溃四散。寿春兵冒着炮林弹雨，奋不顾身，竭力阻击，前队阵亡，后队继进，杀退英军数次。但守晓峰岭无大炮，他们便手持短刀陷阵，与侵略军展开搏斗。王锡朋身先士卒，左冲右突，杀敌无数。后来，英军大队逼近，部属也先后阵亡，他不幸中炮，一腿折断，仍手刃蜂拥而来的敌军数人。最后，被英军乱刀砍死。

10 月 1 日半夜过后，英军经过充分准备，发动全面进攻。葛云飞捧抱四千斤炮回击，英军血流成渠。当东进英军进入关山炮台南部，而停泊东港浦战舰和五奎山炮队，便发射猛烈炮火相配合，妄图三面夹攻关山炮台。情势十分危急，葛云飞朝北拜天自语："臣力竭矣，崎岖海外，七阅月，不能为国灭贼，死不足塞责！"一面取敕印遣校交缴裕谦，请发兵进剿；一面带领亲兵二百余人，迎敌奋战。葛云飞从关山炮台，转战竹山门，将士也人人持刀与敌搏斗。他刀折，就拔出两把佩刀，冲入英军搏杀，转战二里许，格杀无数。

到了竹山门，葛云飞刚仰登，不幸被敌人长刀劈面，去其半，并以火枪围攻，攒击，身受四十余创；炮洞胸背，遂立竹山门崖石，手擎刀杀敌状，尸直立不仆，左目霍霍如生，表现出宁死不屈、反抗侵略，死而犹生的崇高战斗精神。

编者

160 多年前，英帝国主义发动了蓄谋已久的鸦片战争。面对外敌入侵，1841 年 10 月，定海总兵葛云飞率领 5800 名将士，在强弱悬殊、没有后援的情况下，浴血奋战，全体将士以身殉国，葛云飞身受重伤，炮洞胸背，依崖石直立而死，表现出了伟大的爱国主义精神和崇高的民族气节。

知识链接

《穿鼻草约》

《穿鼻草约》也作《川鼻草约》。1841 年（道光二十年）1 月 7 日，英国侵略军突袭珠江口沙角、大角炮台。琦善一面下令撤退炮台守军，一面派鲍鹏去穿鼻洋向英军求和。1 月 25 日，琦善背着清政府擅自与义律议定《穿鼻草约》。其主要内容为：(1) 割让香港，赔款六百万银元，开放广州为通商口岸；(2) 英军撤出沙角、大角炮台，归还定海。琦善哄蒙清政府，诡称赔损为“商欠”，割香港是允许英人在外洋一小岛寄居。广东巡抚怡良以义律在香港发出的布告为证，向道光帝揭参琦善。清政府不承认此约，并将琦善押解问罪。

抗英保台

——姚莹的故事

姚莹（1785—1853 年）字石甫，号明叔，晚号展和；因以十幸名斋，又自号幸翁，安徽桐城人。从祖姚鼐为桐城派古文主要创始人。曾任台湾最高军政首长台湾道，湖南按察使等官。他是鸦片战争中少数打败英国军队的清朝领将，后来却因奉令斩杀英俘而被流放。

姚莹故居

姚莹自幼跟从祖父姚鼐学诗作文。1808 年中进士，八年后授福建平和知县，后调龙溪，两年后调台湾县，署海防同知，后历任江苏武进、金坛、元和等县，擢高邮州，转两淮护理盐运使事。他的政治才干，受到两江总督陶澍及林则徐等人的器重。

1837 年，姚莹被提拔为台湾兵备道，加按察使衔。其时，英帝国主义不断进行鸦片侵略，林则徐等主张坚决抵制，摩擦时有发生，台湾形势更为严峻。姚莹满怀爱国热情，毫不畏惧，抵台后审时度势，在百废待举、众议纷纭中，果敢地以加强防务为当务之急，采取严厉措施，阻止鸦片贩运。同时，为有效地抵抗英军侵犯台湾，多方筹饷，修葺战船，增置枪炮，招募乡勇，训练水师。

他和总兵达洪阿在台湾人民支持下，从1840年至1842年间，先后5次击退英舰进犯，炮毁英舰3艘，生俘英军150余人，缴获大批装备。鸦片战争中，姚莹与达洪阿通力合作，率领台湾军民，浴血奋战，英勇守土。1842年，清廷以台湾抗英有功下旨赏姚莹二品顶戴，赐予云骑尉世职。他依据在台任职时实地考察的情况编著了《东槎纪略》5卷，至今仍是研究台湾地理和高山族人民生活的重要参考资料。

由于英国侵略者制造谣言，诬告姚莹、达洪阿"冒功贪赏"，清廷中投降派对姚莹在台湾抗英受赏心存疾恨，乘势纷纷劾奏。1843年，闽浙总督怡良东渡台湾，奉旨查办姚莹等"冒功"之罪。虽有台湾官兵1000余人在行辕门外为姚莹鸣不平，仍被刑部关入狱中。在押期间，刑部要他和台湾俘虏的英人对质，他严词拒绝说：我作为一个国家大臣，岂能穿囚服和被俘夷人对质？我不做这有伤国格的事。六天后，道光皇帝将他贬到四川任同知知州。川督宝兴令姚莹赴西藏乍雅处理两呼图克图（即喇嘛）的纠纷。姚莹从四川打箭炉（今康定）出发，往返六七千里。事成，复责令再往，且劾以畏难规避。姚再赴西藏乍雅备尝艰辛。

入藏期间，他将所到之地的政治状况、山川形势、人情风俗详考博证，编成《康輶纪行》15卷，附《中外四海地形图说法》1卷。他在《康輶纪行》中，除撰有"前后藏三十一城""葱岭""西昆仑"等专篇论及西藏地理外，还将古地理书与现实状况相印证，写出"古三危""《禹贡》黑水有三"及"古书言异域"等篇，用大量资料证实前后藏并非"天竺"，而自古以来就是中国领土。该书还介绍了西藏邻国印度、尼泊尔、锡金的情况，对英、法、俄等国情作了研究，揭露了他们侵略中国的野心。他指出英国在吞并印度之后，早已蓄谋侵犯我国的西藏，建议清廷务必要加强边疆和沿海地区的防务。所著《识小录》8卷，记述了当时蒙古各盟旗、库伦、卡伦形势。其后姚莹补四川蓬州，任内因病告假回乡。咸丰元年（1851），又任广西按察使，奉命抵抗太平军。咸丰二年（1852），任湖南按察使，不久病死。

姚莹在文学上亦颇有成就。宗法桐城派文论，偏好散文，长于议论，主张文章必须“明道”“言事”“文与实俱茂”，被称为桐城派八大家之一。著有《东溟文集》《东溟奏稿》《后湘诗集》《东槎纪略》《康輶纪行》等，其著作辑为《中复堂全集》13种98卷。

编者

姚莹是鸦片战争时期，领导台湾军民英勇抵抗英军侵略的著名爱国官员。他与林则徐、魏源，同是当时主张睁眼看世界，学习西方国家近代科学技术以抵抗外来侵略的代表人物。

知识链接

桐城派

“桐城派”是清代中叶最大的散文流派。代表作家有方苞、刘大櫆、姚鼐，他们都是安徽桐城人，故称“桐城派”。“桐城派”散文理论的建立，是从方苞开始的。桐城派是清代散文影响最大的一个流派，对于散文有一套完整的理论和鲜明的主张。其创始人是方苞，刘大櫆和姚鼐继承并发展了他的理论，三人并称为“桐城三祖”。而姚氏门下的梅曾亮、管同、方东树、姚莹则被称为“姚门四杰”。

收复新疆

——左宗棠的故事

左宗棠（1812—1885 年），字季高，一字朴存，号湘上农人。湖南湘阴人。晚清军政重臣，湘军统帅之一，洋务派首领。一生经历了湘军平定太平天国运动，洋务运动，镇压陕甘回变和收复新疆等重要历史事件。

左宗棠自幼非常聪明，读书也十分用功。他不仅攻读儒家经典，更多地则是学习经世致用之学，对那些涉及中国历史、地理、军事、经济、水利等内容的名著视为至宝，这对他后来带兵打仗、施政理财起了很大的作用。1831 年入湖南巡抚吴荣光在长沙设立的湘水校经堂。1832 年，他参加乡试中第，但此后的 6 年中，3 次赴京会试，均不及第。

科场失意，使左宗棠不能沿着“正途”进入上层社会，进而实现他的志向。但左宗棠的志向和才干得到了当时许多名流显宦的赏识和推重。当时林则徐就对左宗棠十分器重，两人曾在长沙彻夜长谈，对治理国家的根本大计，特别是关于西北军政的见解不谋而合。林则徐认定将来“西定新疆”，舍左君莫属，特地将自己在新疆整理的宝贵资料全部交付给左宗棠。

18 世纪上半叶，乌孜别克族的明格部在中亚费尔干纳盆地建立起一个封建汗国，名“浩罕”。1865 年初，浩罕国派军官阿古柏率兵侵入新疆。阿古柏“用武力，更多的是用奸诈手段”，先后侵占喀什噶尔、英吉沙尔、叶尔羌、和田、阿克苏、库车、乌什等城，于 1867 年悍然宣布成立“哲德沙尔”，意为“七城之国”，自封为“巴达吾来特阿孜”，意为“洪福之王”。随后，阿古柏又用两年多时间，镇压当地群众的反抗，进一步攻占吐鲁番，又翻越天山夺取乌鲁木齐，天山南北广大地区都成为阿古柏的势力范围。

新疆地处中亚东部，与中亚和印度接壤，英、俄两国都将新疆视为战略要地，势在必得。阿古柏成为他们争取和利用的对象。这是新疆危机的根源。俄国在利用阿古柏实现其侵略扩张阴谋的同时，又亲自出兵侵占伊犁，使新疆危机雪上加霜，更为严重。

面临新疆危机，清政府内部出现海防与塞防之争。海防论的主要代表是直隶总督兼北洋大臣李鸿章，他主张舍弃西北，专注东南，提出：“新疆不复，于肢体之元气无伤；海疆不防，则心腹之患愈棘。”塞防派的主要代表是湖南巡抚王文韶，他认为：俄国侵吞西北，日甚一日，“我师迟一步，则俄人进一步，我师迟一日，则俄人进一日。事机之急，莫此为甚！”因此，他主张：“目前之计，尚宜以全力注重西北。”陕甘总督左宗棠主张：“东则海防，西则塞防，二者并重。”他指出：不能扶起东边倒却西边，力主收复新疆，左宗棠的意见令“中朝动色”。清廷权衡利弊，采纳左宗棠的意见。1875 年，清廷任命左宗棠为钦差大臣，督办新疆军务。

那时候，左宗棠已经年逾六旬，而且体弱多病。他曾在致湘军将领刘锦棠的信中说：“本拟收复河湟后，即乞病还湘。今既有此变，西顾正殷，断难遽萌退志，当与此虏周旋。”左宗棠不顾自己年老多病，以国家民族利益为重，勇敢地担负起收复新疆的重任。

1876 年 4 月，左宗棠率清军分三路进入新疆。他采取“先北后南，缓进速战”的正确方针，先收复了乌鲁木齐及周围地区，然后攻占吐鲁番，打开了通向南疆的门户。清军得到新疆当地各族人民的支持和拥护。进军南疆时，当地各族人民纷纷拿起武器，加入战斗，痛击阿古柏军队。1877 年，阿古柏兵败身亡，清军收复喀什噶尔。第二年，除伊犁以外，新疆重新回到祖国的怀抱。

左宗棠上奏朝廷，提出首先通过外交途径解决收复伊犁的问题，如果达不到目的，再采取军事手段。他的意见得到朝野上下爱国人士的一致赞同。

1880 年初，根据左宗棠的意见，清政府派曾纪泽赴俄国谈判收复伊犁问题。在谈判中，俄国多方要挟，蛮不讲理，曾纪泽坚持原则，据理力争。

左宗棠深明外交必须以军事为后盾的道理，虽主谈判，但不忘备战。为了支持曾纪泽的外交努力，左宗棠率兵前往哈密，在哈密设立抗俄司令部。在前往哈密的途中，他让士兵抬着棺材走在队伍的前面，表明誓死抗击俄国、收复伊犁的决心。此时，左宗棠已年近古稀，体弱多病，可他却说：“壮士长歌，不复以出塞为苦，老怀益壮，甚堪告慰。”连当年前往哈密拜访并留住军营一个多月的德国人福克都说：“一月以来，觉爵相年已古稀，心犹少壮，经纶盖世，无非为国为民，忠正丹心，中西恐无其匹。”正是左宗棠震惊中外的豪情壮举，有力地支援了曾纪泽的外交斗争，终于迫使俄国将伊犁归还中国。

编者

左宗棠作为一名封建官僚，在他的一生中，既有精忠报国、抵御外侮的积极一面，又有镇压农民运动的消极一面。但无论如何，他都应该是中国近代史上一位杰出的人物。他在帝国主义瓜分中国的历史情况下，力排投降派的非议，毅然率部西征，收复新疆，符合中华民族的长远利益，是爱国主义的表现，左宗棠的爱国主义精神值得后人发扬。

知识链接

王震将军评左宗棠

对于左宗棠本人的评价学界历来褒贬不一。王震将军曾经有非常公正的评价："……对左宗棠作出了正确、客观的评价。这对海内外影响都很大。左宗棠在帝国主义瓜分中国的历史情况下，力排投降派的非议，毅然率部西征，收复新疆，符合中华民族的长远利益，是爱国主义的表现，左公的爱国主义精神，是值得我们后人发扬的。""解放初，我进军新疆的路线，就是当年左公西征走过的路线。在那条路上，我还看到当年种的'左公柳'。走那条路非常艰苦，可以想象，左公走那条路就更艰苦了。左宗棠西征是有功的，否则，祖国西北大好河山很难设想。""阿古柏是从新疆外部打进来的，其实他是沙俄、英帝的走狗，左公带兵出关，消灭阿古柏、白彦虎，收复失地，得到了新疆各族人民的支持，这是抗御外侮，是值得赞扬的。"

抗法将领

——刘永福的故事

刘永福（1837—1917 年），字渊亭，广东钦州（今属广西）人。晚清农民起义军领袖、抗法民族英雄。

刘永福生长在清朝衰落时期，那时，清政府非常腐败，对外妥协投降，对内残酷镇压人民起义。刘永福气愤地说："这种世道真是吃人的世道，我们要不起来推翻满清的黑暗统治，那才是没有一点血气的奴隶。"1857 年，20 岁的刘永福便与几个同乡一起投奔洪秀全的农民起义军了。后来，他成为广西天地会领袖，1864 年，太平天国革命失败。次年，刘永福率领 300 人出镇南关（今友谊关），同吴亚忠领导的起义军合作，在中越边境保胜一带，开辟山林，聚众耕牧，以七星黑旗为军旗，故称"黑旗军"。

黑旗军队伍很快发展到两千余人，由于军纪严明，深受当地群众拥护。1873 年，法国侵略军进攻越南河内等地，他应越方要求，率黑旗军与越军联合作战，在河内西郊大败法军，斩法军首领安邺上尉等数百人，乘胜收复河内。次年，越南国王授予他三宣副提督之职，让他管理宣化、兴化、山西三省。

1883 年，法军占领越北南定省，企图进犯广西。刘永福率兵三千在河内城西纸桥一带同法军激战，黑旗军大胜，毙法军司令李维业以下数百人。越南国王封刘永福一等义勇男爵，任三宣提督。不久，法国侵略军五千余人大举进攻越南，占领红河三角洲，后又进攻台湾基隆港。清廷被迫向法国宣战，授予刘永福记名提督的官衔。刘永福率黑旗军同清军联合向法军进攻，包围宣光，至次年3月伏击法国援军，接着又在临洮大败法军，收复广威。与此同时，老将冯子材也在镇南关（今友谊关）重创法军，从根本上扭转了战争形势，迫使挑起战争的法国茹费理内阁倒台。就在中国军队打了胜仗时，清廷却下令停战，1885年6月李鸿章代表清政府同法国签订屈辱的和约，承认越南为法国的保护国。1885年9月，刘永福率黑旗军将士3000人回国，清廷下令裁减，只剩下1200人。1886年4月，任刘永福为南澳镇总兵。此后，黑旗兵又被历年裁撤，最后只剩300余人。

1894年，中日甲午战争爆发。因台湾地理位置重要，清政府命刘永福赴台，帮同台湾巡抚邵友濂办理防务。8月，刘永福率两营黑旗军赴台北，后又奉令移驻台南，将所部增至八营，仍称黑旗军。1895年，中国在中日战争中失败。清廷同日本签订丧权辱国的《马关条约》，割让台湾。5月，日军进攻台北，署理巡抚唐景崧逃回大陆。刘永福率黑旗军留在台湾领导抗日。他驻守台南，与台湾抗日义勇军合作，在新竹、苗栗、彰化、嘉义等地，重创日军。他在台湾同日军血战近五个月，拒绝日军的劝降。但因清廷断绝援台，义军逐步退至台南，刘永福的部下大都战死。9月，台南失陷。刘永福潜回大陆，从璋州到广州，一路上受到当地官民的热情迎送。

后来，刘永福又任广东赐石镇总兵。辛亥革命后，曾被推为广东民团总长。不久告老还乡。1915年，日本向袁世凯提出灭亡中国的二十一条，将近80岁的刘永福义愤填膺，要求重上战场。

不幸，他于1917年1月病卒。

编者

在中法战争中，刘永福以寡敌众，以弱胜强，英勇斗争，打击了外国侵略者，表现出了英勇顽强的民族精神和反抗外来侵略的民族气概。纵观刘永福的一生，他从一个反清斗士成为反帝骁将，为捍卫中国领土完整和维护民族尊严，先后同法国和日本侵略者进行了艰苦卓绝、不屈不挠的战斗，屡建奇功，不愧为中国近代史上卓越的军事家、著名的民族英雄。

知识链接

黑旗军

黑旗军是19世纪末的一支地方武装，以七星黑旗为战旗，因此得名。前期主要军事行动为抗击清朝统治。1867年，清军的进攻迫使黑旗军进驻保胜（今越南老街）。后在抗击法国侵略越南（中法战争）的战争中多次取得胜利，将领刘永福曾被越南国王授予三宣副提督等职。协同老将冯子材的部队，从根本上扭转了战争形势，迫使挑起战争的法国茹费理内阁倒台。刘永福返回中国后被清廷下令解散。甲午战争中黑旗军奉清政府命令重新编组，仍由刘永福率领，进驻台湾岛。后日军侵台，因战局受困，将士大多战死。

大败法军

——冯子材的故事

冯子材（1818—1903 年），字南干，号萃亭。广东省钦州（今属广西）人。晚清抗法名将。

冯子材自幼父母双亡，流落江湖。1850 年率众起义，次年投奔天地会。后入清军，1862 年提拔为广西提督，驻军镇江，配合湘军围剿太平军。1869 年至 1879 年，受越南政府邀请和清廷派遣，三次出关镇压退入越南的广西农民起义军和哗变的清军。1882 年，因与当政权要不和，“称疾”解甲归乡。

1883 年 12 月，法国挑起“中法战争”，清廷和战不定，导致清军在越南北部的失败和福建水师的覆灭。此时滇桂边境紧张，冯子材应两广总督张树声之邀督办广东高、雷、钦、廉四府团练，参加抗法战争。

1885 年初，督办广东军务大臣彭玉麟、新任两广总督张之洞推荐他为广西关外军务帮办，出任前敌统帅。冯子材率军赶到前线，毅然担负起保卫祖国西南边疆的重任。行前，他祭别祖先，嘱托家人：万一不利，百粤就非我所有，要带家眷、奉香火驰归江南祖籍，永为中国民，免得受外人奴役。他还把两个儿子带在身边，准备万一战死沙场，好料理后事。当时前线清军的状况也确实不容乐观。法军攻占镇南关的当天，前敌总指挥潘鼎新一口气逃到距镇南关百里之遥的海村，放弃了指挥责任，其他各路将领又龃龉频生，不服调度，散兵游勇四处劫掠，老幼难民蔽江而下，关内震动。冯子材以七旬高龄，素孚众望，召集各路将领开会，劝告大家消除派系成见，以国事为重，同心协力保卫国家。在会上他被众将公推担任前敌主帅。

2 月 25 日，冯军进驻凭祥，预备与法军决一胜负。冯子材分析了敌我双方情况，又亲临前线，遍勘从板山到幕府的各处山隘，最后确定以镇南关北 8 里的关前隘作为预设战场。在兵力配置上，冯子材把士气高、战斗力强的“萃军”和“勤军”放在主阵地上，又在左、右两翼派了较强的兵力防止法军迂回龙州，最后以强大的预备队驻幕府、凭祥，随时准备投入反攻。

3 月 23 日晨，法军 1000 余人趁大雾偷偷进入镇南关。几小时后，法军在炮火掩护下，夺占了小青山的 3 座尚未完工的堡垒，威胁清军正面阵地侧翼安全。冯子材激昂高呼：“法军再入关，有何面目见粤民？”坚持不退。至下午，苏元春、陈嘉、蒋宗汉、方友升部相继赶来，稳住了阵脚。入夜，冯子材趁法军停止进攻，迅速调整了作战部署，充实了前沿阵地的兵力，还迅速调遣驻扣波的 5 营“萃军”袭法军左翼。

3 月 24 日黎明，大雾迷茫。法军指挥官尼格里首先派兵偷袭大青山顶的大堡，企图控制东岭制高点，因地形险峻难行，不得不原路退回。中午时，尼格里见山顶久无动静，以为偷袭成功，便以重炮猛轰长墙，掩护沿谷地推进的法军猛攻关前隘阵地。冯子材号令全军：有进无退！待敌人接近长墙时，他大喝一声，持矛与两个儿子跃出长墙，冲入敌阵，展开白刃搏斗。全军将士也一齐大开栅门，向敌人冲去。中午，从扣波赶来的 5 营“萃军”由摩沙冲进龙门关，突然出现在法军侧后。法军遭到意想不到的打击，狼狈退回谷地。

尼格里为了等待援军，挽回败局，决定固守谅山。他以主力扼守驱驴北面的高地，以确保驱驴，屏蔽谅山，另以一部兵力配置在淇江（今奇穷河）南岸，分守通向谷松、屯梅的交通要道，留下老弱残兵驻守谅山城垣堡垒。冯子材深知清军攻击能力不强，待法军布置妥当，谅山便很难攻取，便与苏元春、王孝祺密商，定下“正兵明攻驱驴，奇兵暗取谅山”之计。3月27日，他派杨瑞山部间道夜行，散伏于谅山城外。28日，冯子材率各部分3路逼攻驱驴。下午，尼格里在激战中胸部负重伤，副手爱尔明加下令全军退往淇江南岸，清军乘势冲进驱驴。谅山守敌在慌乱中砍断浮桥，一部分法军不得不泅水逃命，溺死很多，大批装备物资也委弃不顾。29日拂晓，杨瑞山部乘乱冲入谅山，法军残部狼狈逃窜。清军乘胜追击，至31日，尽复船头、郎甲以北的许多城镇。

中法战争后，冯子材相继调任云南、贵州提督等职。1902年因病去职，1903年7月不幸病逝。

编者

镇南关大捷是中法战争中的最后一次战役。年近七旬的老将冯子材，依靠高超的指挥艺术和广大爱国将士、民众的支持，粉碎了法军阴谋，迫使茹费理内阁倒台，振奋了民族精神，在近代中外历史上都产生了重大影响。1885年4月4日，中法签订“停战协定”。这是中国近代史上第一个既不割地也不赔款的停战协定，它是冯子材及爱国将士浴血奋战的结果。

知识链接

友谊关

友谊关是我国九大名关之一，位于广西凭祥市西南端，322国道终端穿过友谊关拱城门，与越南公路相接，是通往越南的重要陆路通道和国家一类口岸，距凭祥市区18公里。早在汉朝这里就已经设关，距今已有二千多年的历史。最初叫雍鸡关，后改名界首关、大南关，明朝设镇南关。1885年，冯子材指挥的镇南关大捷就在这里。1953年1月，经当时的政务院批准，改称睦南关。1965年1月，经国务院批准，改名为友谊关。1995年2月，经广西壮族自治区党委、自治区人民政府同意，命名为自治区爱国主义教育基地。2006年5月25日，连城要塞遗址和友谊关被国务院批准列入第六批全国重点文物保护单位名单。友谊关，这座古老雄伟的关楼，见证了中华民族不畏外来侵略，赢得解放并取得经济建设巨大成就的历史。

甲午海战

——丁汝昌的故事

丁汝昌（1836—1895 年），原名丁先达，字禹廷，安徽庐江县人，后移居巢县（今巢湖市），清北洋海军提督。中日甲午威海之战战败，愤然自杀，是一位有民族气节的爱国将领。

丁汝昌少年时代，家中贫寒，曾为人放鸭、撑船、磨豆腐。1853 年参加太平军，后来被迫随队叛投湘军，不久改隶淮军，参与对太平军和捻军作战，官至记名提督。1874 年，李鸿章筹办海军，次年被派赴英国购置军舰，回国后统领北洋水师。

1879 年，清政府从英国订购的“镇东”“镇西”“镇南”“镇北”四艘军舰来华，北洋军舰日渐增多，李鸿章奏准将丁汝昌留北洋海防差遣，派充炮船督操。1880 年，李鸿章奏派丁汝昌率林泰曾、邓世昌等赴英接收订购的“超勇”“扬威”号巡洋舰。在英期间，丁汝昌觐见了英国女王，拜访了英国海军司令和高级军官，并与当时一些著名的军舰设计师会面。

1885 年，在德国订造的“定远”“镇远”“济远”回国，丁汝昌与津海关道周馥前往验收，举行升旗仪式。次年 7 月，李鸿章命丁汝昌与总查琅威理率北洋水师主力赴朝鲜釜山、元山、永兴湾等处操练，并巡查洋面。不久，李鸿章又派吴大澂等勘定吉林东部国界，命丁汝昌率舰队至海参崴接应，然后折赴长崎进船坞保养（“定远”“镇远”铁甲舰按设计，每半年必须入坞油漆一次，以防锈蚀，当时中国没有能容纳这两艘军舰的船坞，而前往日本，是最近的选择）。

1888 年 8 月，清政府定北洋海军官制，在威海择地建造水师公所。9 月，总理海军事务大臣醇亲王奕谟颁布《北洋海军章程》，北洋海军正式建军。海军衙门根据李鸿章的提名，奏准以北洋水师记名提督直隶天津镇总兵丁汝昌为海军提督，悬赏加尚书衔。根据丁汝昌的建议，在威海刘公岛设立水师学堂，培养驾驶、指挥军官；在大沽、旅顺设立水雷学堂，培育鱼雷军官；在山海关设立武备学堂，在威海设立枪炮学堂，培育各级专业军官。

1894 年，朝鲜爆发东学党起义，清政府应朝鲜国王请求，派兵帮助镇压。李鸿章以中国军力不充，准备不足，不建议过早开战，尽量拖延时间。6 月，日本军舰在丰岛发动突然袭击。7 月，中日双方互相宣战，甲午战争爆发。

战争爆发后，光绪皇帝在清流党人的怂恿下，情绪激动。数日间，连发电报指责丁汝昌，质问为何没有战果，提出要将丁汝昌革职，送交刑部治罪。而当时清政府所下命令，也是前后矛盾，混乱不堪。既要丁汝昌远行寻找日本舰队决战，又命令必须保护大沽、山海关、旅顺、威海等地万无一失，舰队不得远离，“倘有一舰闯入，定将丁汝昌从重治罪”。而朝廷中的顽固派、清流党也乘机大做文章，名为指责丁汝昌，潜台词则是攻击李鸿章。

不久，护送陆军赴朝后正准备返航的北洋舰队与日本海军遭遇，黄海海战爆发。战斗开始后不久，丁汝昌即被炮火所伤，但仍坚持坐在舰内的过道中鼓励士气。经过近5小时的鏖战，中日双方互有损伤。

9月20日，北洋舰队在旅顺完成修理返回威海，“镇远”舰入港时触礁受损，使得本已元气大伤的北洋舰队雪上加霜。日军进攻旅顺时，丁汝昌被革去尚书衔，摘去顶戴。旅顺陷落后，丁汝昌又被革职，暂留本任。在威海布防上，丁汝昌对陆军的战斗力表示担心，建议做好炸毁陆路海岸炮台的准备，不料，又成为“通敌误国”的罪证，清廷下令将其交刑部治罪。在刘步蟾等将领的通电请愿和李鸿章的极力申辩下，清廷命令，待丁汝昌手头事务结束后，解送刑部。

丁汝昌当时所处环境虽十分艰难，仍力图振作，召集诸将，筹商水陆战守事宜。12月，日军在山东荣成登陆。日本联合舰队司令长官伊东佑亨递送劝降书，丁汝昌不为所动，决心死战到底。当日，对家人说：“吾身已许国”，并将劝降书上交李鸿章，以明心迹。

1895年1月，日军进攻威海南帮炮台，丁汝昌率舰队从海上用火力支援炮台守军，发射排炮，击毙日军旅团长大寺安纯。由于众寡悬殊，威海陆路南北帮炮台相继失守，刘公岛遭海陆合围，成为孤岛。

刘公岛被困后，丁汝昌严词拒绝日将伊东祐亨的诱降，说：“余决不弃报国大义，今唯一死以尽臣职”。在最后危急时刻，洋员浩威、马格录和营务处候补道牛昶昞等相互勾结，煽动兵变，逼他投降。他愤然说道：“我知事必出此，然我必先死，断不能坐睹此事”。当他得知陆上援军无望，拟突围或沉船均不能实施时，便于2月11日，夜服鸦片，12日凌晨殉国。

丁汝昌死后，手下军官牛昶昞盗用他的名义，与日方签订了《威海降约》。2月17日，日军开进威海港，李鸿章经营多年的北洋海军至此全军覆没。此后，清政府内的清流、顽固党人交相攻击，光绪下旨“籍没家产”，不许下葬。丁汝昌的子孙辈被迫流落异乡。直到1910年，经载洵及萨镇冰等人力争，清廷为丁汝昌平反昭雪。1912年，灵柩始归葬于安徽无为县西乡小鸡山梅花地。

编者

丁汝昌在甲午战争中表现出了杀身成仁、舍生取义的英勇献身精神和宁为玉碎、不为瓦全的民族气节。新时期我们要进一步弘扬丁汝昌等志士的民族气节和爱国主义精神。

知识链接

东学党起义

东学党原为“东学道”。所谓“东学”就是“东方之学”，与当时的“西学”相对抗。它尊奉儒佛道三教的教义，且加以折中，取其长而舍其短，以“诚”“敬”“信”三字为训条。东学道的创始人是崔济愚（庆尚道庆州府人），信徒一般是农民。这个以宗教为外衣的秘密结社，因其迎合民众的愿望和要求，发展很快。东学道受到政府的镇压，崔济愚以“左道惑民”罪被斩。崔济愚死后，其徒崔时亨为第二代道主。1893年1月和4月，崔时亨乘天主教解禁之机，发动道徒两次上疏国王，要求为崔济愚平反，虽然没有如愿以偿，但政府允许对道徒不加迫害。东学道的宗旨是对抗西学，由此发展到排斥洋人，是当时的反帝爱国组织。1892年全罗道古阜郡守赵秉甲上任，他是个贪官，民众对他早有不满。至1894年因万石伏水税事件，在古阜郡激发了东学党起义。

血战海疆

——邓世昌的故事

邓世昌（1849—1894 年），原名永昌，字正卿，广东番禺（今广州市海珠区）人。清末海军爱国将领、民族英雄。

邓世昌 1849 年出生在一个富裕人家。邓世昌出生在外国资本主义首先入侵的广东地区，目睹了外国资本主义压迫中国人民、企图灭亡中国的罪恶行径，从小便憎恨外国侵略者，逐渐萌发了反抗侵略的爱国思想。

1867 年，他怀着救国的志愿，以各门课程考核皆优的成绩入福州船政学堂学习航海。他学习非常用功，英语、天文、地理、数学以及绘图、测量、驾驶、轰击、撞截等各门课程，都学得很好，每次考试都名列优等。他毕业后被派到“建威”练船，随船巡历南洋各岛。1874 年被任命为“琛海”兵船大副，以后历任“海东云舰”“振威舰”“飞霆舰”等兵船管带。1874 年被船政大臣沈葆桢奖以五品军功任命为“琛航”运船帮带，次年任“海东云”炮舰管带。1879 年，李鸿章筹办北洋海军，他被调到北洋海军，任“镇南”炮船的管带。时值日军侵台，邓世昌奉命扼守澎湖、基隆等要塞，得补千总。又调任“振威”炮舰管带，代理

"扬武"快船管驾，升守备，加都司衔。

1880年，李鸿章为建设北洋水师而搜集人才，因邓世昌"熟悉管驾事宜，为水师中不易得之才"而将其调至北洋属下，先后担任"飞霆""镇南"蚊炮船管带。同年冬天北洋水师在英国订购的"扬威""超勇"两艘巡洋舰完工，丁汝昌水师官兵200余人赴英国接舰，邓世昌随往。1881年11月，"扬威""超勇"两艘巡洋舰安然抵达大沽口，这是中国海军首次完成北大西洋—地中海—苏伊士运河—印度洋—西太平洋航线，大大增强了中国的国际影响，邓世昌因驾舰有功被清廷授予"勃勇巴图鲁"勇名，并被任命为"扬威"舰管带。

1887年春，邓世昌率队赴英国接收清政府向英、德订造的"致远""靖远""经远""来远"四艘巡洋舰，同年底回国。归途中，邓世昌沿途安排舰队操演练习。因接舰有功，升副将，获加总兵衔，任"致远"舰管带。1888年，邓世昌以总兵记名简放，并加提督衔。同年10月，北洋海军正式组建成军，邓世昌升至中军中营副将，1891年，李鸿章检阅北洋海军，邓世昌因训练有功，获"葛尔萨巴图鲁"勇名。

1894年7月25日，日本侵略军在牙山口外半岛海面，向中国海军发动突然袭击。8月1日，中日双方同时宣战，甲午海战爆发了。9月17日，在大东沟海战中，邓世昌指挥"致远"舰奋勇作战，后在日舰围攻下，"致远"多处受伤，全舰燃起大火，船身倾斜。邓世昌鼓励全舰官兵道："吾辈从军卫国，早置生死于度外，今日之事，有死而已！""倭舰专恃吉野，苟沉此舰，足以夺其气而成事"，毅然驾舰全速撞向日本主力舰"吉野"号右舷，决意与敌同归于尽。倭舰官兵见状大惊失色，集中炮火向"致远"射击，不幸一发炮弹击中"致远"舰的鱼雷发射管，管内鱼雷发生爆炸导致"致远"舰沉没。邓世昌坠落海中后，其随从以救生圈相救，被他拒绝，并说："我立志杀敌报国，今死于海，义也，何求生为!"，所养的爱犬"太阳"也游至其旁，口衔其臂以救，邓世昌誓与军舰共存亡，毅然按犬首入水，自己也同沉没于波涛之中，与全舰官兵240余人一同壮烈殉国。

邓世昌牺牲后举国震动，光绪帝垂泪撰联"此日漫挥天下泪，有公足壮海军威"，并赐予邓世昌"壮节公"谥号，追封"太子少保"，入祀京师昭忠祠，御笔亲撰祭文、碑文各一篇。李鸿章在《奏请优恤大东沟海军阵亡各员折》中为其表功，说："……而邓世昌、刘步蟾等之功亦不可没者也"。清廷还赐给邓母一块用1.5公斤黄金制成的"教子有方"大匾，拨给邓家白银10万两以示抚恤。邓家用此款在原籍广东番禺为邓世昌修了衣冠冢，建起邓氏宗祠。威海百姓感其忠烈，也于1899年在成山上为邓世昌塑像建祠，以志永久敬仰。1996年12月28日，中国人民解放军海军命名新式远洋综合训练舰为"世昌"舰，以示纪念。

编者

爱国主义在中华民族历史上从来就是巨大的精神力量，在甲午海战中"致远"舰打出了中国海军的威风，有进无退，誓死奋战，表现出坚贞不屈、视死如归的精神。"致远"舰、邓世昌成为中国海军的典范，成为中华民族的英雄。

知识链接

致远舰

致远舰为英国阿姆斯特朗公司建造，造价为84万5千两白银，1887年完工，于当年11月回国。柱间长76.2米，舰宽11.58米，吃水4.57米，排水量2300吨，穹甲厚2至4寸；动力为4座锅炉，2台往复式蒸汽机，功率7500匹马力，双桨单舵，航速18.3节。乘员202人，管带为副将衔。装备3门210毫米/35倍径“克鲁伯”主炮，两门152毫米“阿姆斯特朗”副炮，8门57毫米“哈乞开斯”速射炮，2门47毫米“哈乞开斯”速射炮，6门单管37毫米“哈乞开斯”速射炮，4门11毫米10管“格林”机关炮，4具18寸鱼雷发射管。1894年9月17日黄海海战中，致远舰激战五小后弹尽且受重创后，管带邓世昌欲冲撞日舰吉野号与之同归于尽，但被日舰击沉，同舰官兵246人同殉职，邓与其爱犬同沉。

定远舰长

——刘步蟾的故事

刘步蟾（1852—1895 年），字子香，汉族，福建侯官（今福州市）人。清朝北洋水师高级将领，为旗舰定远之管带（舰长），官至右翼总兵，记名提督。

刘步蟾自幼丧父，由母亲抚育长大。他少时性格沉毅，好学善思，爱憎分明，敢与非礼不义之事相争。1867 年考入由沈葆桢兴办的福州船政学堂，学习驾驶。1871 年，上训练舰“建威”号实习。1872 年，以第一名毕业。

1875 年，刘步蟾任“建威”号管带。1876 年，被派赴英国学习海军，1877 年，上英国地中海舰队旗舰“马那杜”号实习，担任见习大副。1878 年，因病自塞浦路斯离舰返回巴黎休养，1879 年痊愈，重返地中海舰队实习，上“拉里号”。实习期间，因学习刻苦、勤于钻研，受到舰队司令斐利曼特将军的好评。回国后以游击留闽尽先补用。不久，任“镇北”舰管带。期间，与同学林泰曾合撰《西洋兵船炮台操练大略》，将留学期间心得结合清朝海军实际加以申说，指出中国发展海军，“最上之策，非拥有铁甲等船自成数军决胜海上，不足臻以战为守之妙”，主张壮大海军实力。当时，清廷正筹议海防，发展海军自是题中之义。

1880年，清政府在德国伏尔铿厂订造铁甲舰，即后来的“定远”“镇远”。1881年，李鸿章命刘步蟾前往船厂监造、验收，协助驾舰回国。1885年刘步蟾随“定远”号回到中国，被任命为“定远”管带，官阶为副将。1888年，北洋水师正式成立，刘步蟾参与起草水师章程，并被任命为水师“右翼总兵”。李鸿章向朝廷密奏中，指刘步蟾“才可大用”。

1890年，北洋水师访问香港，提督丁汝昌因事离舰。刘步蟾除下提督旗，改悬总兵旗。引起舰队英籍总教习、海军上校琅威理（LangWilliam）不服，向李鸿章投诉。后李鸿章支持刘步蟾，琅威理因此事而去职，史称撤旗事件。

1892年，北洋舰队应邀前往日本访问，在对日本海军舰船细心考察后，刘步蟾认为日本海军实力已超过中国，并立即通过丁汝昌报告李鸿章，请求为海军添购船炮。

1894年甲午战争前，刘步蟾多次向李鸿章陈述日本正大力发展海军，提出北洋水师必须按年添置新舰以制日。无奈李鸿章在当时的现实政治下也无法再为北洋水师添船炮。至甲午战争爆发，9月17日，北洋水师与日本联合舰队在黄海发生遭遇战，即黄海海战。刘步蟾指挥作为中国海军主力的“定远”号与日舰作战，战事由中午至下午，“定远”中弹极多。而提督丁汝昌在战事初即身受重伤，舰队由刘步蟾指挥。刘步蟾在战事中因作战英勇，不稍退避，海战后被升为记名提督，并代理受伤的丁汝昌为水师提督。

1895年1月20日开始，日本侵略军在山东荣成龙须岛一带登陆，向威海卫进发。在中日两国军队争夺威海卫南帮摩天岭炮台的激战中，守台清军英勇苦战，连续打退日军的数次轮番进攻，最终守台清军全部战死，炮台落入敌手。日军左翼队司令大寺安纯少将得意忘形，与部下共徒步登炮台，自观战状。刘步蟾等在舰上望见炮台上清军大旗已被日本国旗代替，知是炮台失守，“定远”等舰便立即向摩天岭炮台发炮轰击，大寺安纯胸部被弹片击穿，当场毙命。在刘公岛保卫战中，刘步蟾强忍“镇远”受伤、痛失战友之悲痛，坚定不移地协助丁汝昌拼死抵抗敌人的进攻。他率领“定远”等舰驶向刘公岛至日岛之间，一面巡航，一面向东（南）岸炮台猛轰，努力阻止日军进攻。

1895年2月4日，日军鱼雷艇突袭威海卫，“定远”受损入水，被迫搁浅作炮台。2月5日凌晨，日本海军10艘鱼雷艇向停泊在铁码头的北洋舰队发起了突然偷袭。当时，丁汝昌、刘步蟾及诸将领正在开会议事，忽闻敌艇闯入港湾内，立即登甲板，急命向敌开炮。但因天暗视线不清，敌两艘鱼雷艇偷袭成功，两颗鱼雷先后命中“定远”，海水喷涌而入，舰身开始倾斜。刘步蟾虽果断采取措施，但由于舰体受伤的部位特殊，常规堵漏抢救措施已无济于事，于是，命令砍断锚链，驾驶定远驶离铁码头，在其东侧临岸浅滩搁浅。“定远”舰受伤后，刘步蟾非常痛心。

后来随着形势日益恶化，刘公岛即将陷落，刘步蟾为避免“定远”落入敌手，将“定远”炸沉。炸毁“定远”舰后，他步履维艰，前去看望移居在提督署内的“定远”官兵。当看到“定远”舰枪炮大副沈寿坤写下的“千古艰难惟一死”时，他坦然一笑，随即吟诵清代诗人邓汉仪“伤心岂独息夫人”的诗句，以表自己的志节正气。

不久刘步蟾随舰自杀殉国，实践了生前“苟丧舰，必自裁”的誓言。中国第一批赴欧洲留学海军生中的佼佼者、北洋海军的优秀将领，就这样走完了他的人生里程，年仅43岁。

编者

甲午战争中，在“定远”舰遭日本鱼雷偷袭重创后，刘步蟾置生死于不顾，英勇作战。直至弹药打光始下令将“定远”舰炸毁，以免落入敌手，刘步蟾自杀殉国，表现了宁死不屈的硬骨头精神，不愧是近代史上一位杰出的爱国将领。

知识链接

中国海军的摇篮——福建船政学堂

船政学堂是清朝船政大臣沈葆祯在1866年于福建福州马尾港所设的海军学院，又称福建船政学堂、福州船政学堂或马尾水师学堂。船政学堂最初称“是堂艺局”，是专门为福建船政培训人才而设。学堂成立之初即聘用外国教习教授造船、航海等专业知识，毕业生中优异者更会被派往西欧各国深造。船政学堂被称为中国海军摇篮，除了是近代中国首家海军及航海学院外，它也是首家现代军事学院和首家现代专业院校。船政学堂自1866年开办至1907年福建船政停办为止，毕业生共628名。辛亥革命后，船政学堂于1913年改为海军制造学校，后学堂改为海军学校。船政学堂的毕业生不少成为北洋海军的高级将领外，部分也成为中国近代的著名知识分子。福建船政学堂著名毕业生有严复、邓世昌、魏翰、詹天佑、刘步蟾、林永升、林泰曾、叶祖圭、萨镇冰、程璧光等。

爱国诗人

——丘逢甲的故事

丘逢甲（1864—1912 年），字仙根，又字吉甫，号蛰庵、仲阏、华严子，别署海东遗民、南武山人、仓海君。我国近代杰出的爱国诗人、教育家，抗日护台的民族英雄。

丘逢甲生于台湾省苗栗县，其先祖是为躲避战乱而从中原南迁的“客家人”，因不愿在入侵者面前苟且偷安而举族南迁。到丘逢甲的曾祖父丘仕俊时，因耕地狭小，无以为生，所以偕同一批客家人又漂洋过海，向台湾迁徙。到丘逢甲这一代，丘家在台湾定居已有四代、近百年的历史了。

丘逢甲的父亲丘龙章，台湾贡生，毕生从教，为乡村塾师。他不仅是一位热心桑梓教育、培养后进的塾师，而且是一位关心国事、具有爱国心的封建知识分子。1874 年，日本出兵侵犯台湾南部牡丹社地区，以及 1884 年法军占据台湾鸡笼（今基隆）等事件，使丘龙章倍感忧虑和警惕，对台湾的将来担忧。1864 年，丘逢甲就出生在这样一个具有浓厚爱国爱乡思想、生活上则保持清朴风尚的乡村塾师的家庭里，自幼受清朴刚正家风的熏陶和艰苦生活的磨炼，“幼负大志”，渴望报效国家民族。这一切对他日后的事业以及人生道路都产生了积极的影响。

19 世纪晚期，中华民族危机日益严重，帝国主义瓜分殖民地斗争激烈，中国成为帝国主义瓜分的对象。台湾孤悬海外，为我国东南七省门户，各国无不垂涎。在这种背景下，丘逢甲痛感民族、国家祸患重重，日益关心中外事变，接触了西方文化，“慨然有维新之志”“毅然以天下为己任，恒为大吏陈国家大计”。他虽然中了进士，被任命为工部主事，但他深感清王朝腐败无能，无意做官。他认为不如“专意养士讲学，或为民间仗义兴笔，反有意义”。于是在光绪帝接见后，他即告假归台省亲。回到台湾后，福建省台澎道唐景崧对他很赏识，请他出来做官，他也谢绝了，他只允任《台湾通志》采访师。1889 年丘逢甲开始走上教育生涯，任台中衡文书院主讲，同时在新竹五峰乡创办山庄书院，不久又任台南府罗山书院、嘉义府崇文书院的主讲。他讲的是新学，要学生在课余，勤读报章，关心国事，激发他们的爱国感情和民族意识。

正当丘逢甲在台湾发展教育时，中日甲午战争爆发。1895 年，清政府战败，中日签订割让台湾的《马关条约》。消息传来，全国哗然。丘逢甲愤然召集台湾乡绅联合致电清政府抗争，要求清廷废约抗战，保卫国土，但无效。激于义愤，他倾尽家资，在清政府不顾台湾人民死活、台湾人民“无主可依”的情况下组织和率领台湾健儿，组成五万余人的抗日护台大军，与日寇浴血奋战。他与道员林朝栋协守台中，他们于新竹一带与日寇血战 20 余昼夜，在牺牲的将领中有不少是他的学生，如姜绍祖（“敢”字营统领）、丘国霖（“诚”字营统领）、徐骧（“捷”字营统领）、吴汤光等烈士。经过浴血奋战，终因弹尽粮绝，丘逢甲于同年 7 月底，在部将劝谏下，乃挥泪内渡大陆，归返祖籍广东镇平县文福乡淡定村。回乡后他筑“念台精舍”培栽后进，把全部精力投入到教育事业中。

丘逢甲劫后余生回到家乡后，痛定思痛，认为抗日护台失败的主要原因，在于人民缺乏应有的教育，不懂什么是国家、民族利益及其与自身的关系。他在1900年与另一革命志士唐才常会面时曾谈到台湾抗日失败的教训，他说，当时“台南北留下壮勇，不下四五万；台中义军虽属新募，犹肯死战。乃彼久练之兵，一与遇敌，土崩瓦解，真令人不胜愤懑，以后革命必先练学生军乎?”他深刻认识到不造就一批具有爱国革命思想的新军，就不足以使革命成功。这是他归返大陆后大力倡导教育，创办新学，开发民智的主导思想。

丘逢甲内渡后于1897年应潮州地方官之聘，出任韩山书院院长，从此重又踏上“育才救国”的道路。在韩山书院他提倡新学，着重介绍西方学说以启民智，但遭旧势力的反对，辞职离去。1898—1899年冬，丘逢甲主讲于潮阳县东山书院、澄海县景韩书院，仍以新学保士。在连年讲学活动中，他认识到旧式书院不能很好灌输新知识，若想造就能振兴国势的人才，就必须创办新学。于是他约同好友共同创办了东文学堂。不久，八国联军攻入北京。为了救国救民，丘逢甲加速了创办新学的步伐，1901年春，他联络了粤东开明士绅，在广东汕头创办了岭东同文学堂。该学堂模仿天津北洋学堂分班教学的做法，除聘中文教员外，还聘请了在汕头的英、日籍学者以及归国留学生为教师，课程设有经、史，还开设了算学、物理、化学、生理卫生、外语(日、英文)，还有“兵式体操”。学堂坚持“取欧西法教育青年，以维新鼓舞士气”，来学青年不少是倾向新思想、要求革命的青年。

丘逢甲在内渡大陆后数年间，致力于办新学，取得了显著的成绩，成为广东省乃至全国有声望的教育家。1906年他被两广总督聘为学务处视学，及广府中学堂与商业学校监督（校长），1908 年又被教育界同仁公推为广东省教育总会会长。

丘逢甲晚年坚决推崇孙中山民主革命学说，拥护辛亥革命。1911 年 10 月 10 日，武昌起义爆发，丘逢甲听到消息振奋不已，他写道："内渡十七年，无若今日快心者"，认为"革命军从此推翻清室，建立共和，贤能在位，诚意振刷，则洗雪国耻，恢复故土，可指日计"。当时清政府两广总督张鸣岐妄图在广州挣扎，丘逢甲挺身而出，召集各界人士会议，力主拥护共和。而此时省谘议局不少议员相继逃往香港，正议长易学清托病不出，身为副议长的丘逢甲当机立断，于 11 月 8 日在谘议局召开各界人民会议，正式宣布广东省共和独立，并催促香港的革命党人胡汉民速回省城任都督。从此，广东宣告光复。

广东军政府成立后，丘逢甲被推为中华民国广东省军政府教育部部长。他与王宠惠、邓宪甫三人又被推为粤省代表，赴南京参加筹建中央临时政府的会议，在会上选举孙中山为临时大总统，丘逢甲被选为参议院议员，成为民国成立后第一名台湾省籍议员。1912 年 1 月丘逢甲肺病复发，请假南归，不幸于 1912 年 2 月 25 日溘然长逝。在弥留之际，他喃喃语曰："葬顺南向，吾不忘台湾。"终年 48 岁。

编者

丘逢甲的一生，是爱国的一生。他一生为国家民族的团结统一而奔走呼号。为挽救民族危亡大办教育，为推翻清政府他拥护辛亥革命，他切盼"大九州当大一统……溶溶四海一家春"。台湾人民为了纪念他，开办了"逢甲大学"。

知识链接

客家

客家是一个具有显著特征的汉族民系，也是汉族在世界上分布范围最广阔、影响最深远的民系之一。聚居在广东梅州、河源、惠阳等县，江西的赣州地区18个县市区、福建西部，四川、广西、湖南、台湾、海南、香港部分地区，分布约120余县。先世居黄河流域，西晋末年（4世纪初）、唐代后期（9世纪末）因战乱大批南下。1270年，南宋灭亡后又迁至赣、闽、粤等地。自称“客家”或“来人”，以区别于本地人。客家话是汉语方言之一，保留较多古汉语音韵。山歌别具风格。客家人在聚居地区保持自己的习俗传统，妇女均天足，参加劳动生产，不受封建陋习约束，勇于进取。近代，太平天国之乱失败后，不少客家人被迫分散在更广阔的地区，有的转徙侨居南洋一带。客家的起源存在多种说法，主要的有客家中原说和客家混血说。客家中原说认为客家主体构成为来自中原的移民，而客家土著说则认为“客家共同体，是南迁汉人与闽粤赣三角地区的古越族移民混化以后产生的共同体，其主体是生活在这片土地上的古越族人民，而不是少数流落于这一地区的中原人”。从两宋开始，中原汉民大举南迁，经赣南、闽西到达梅州，最终形成相对成熟的、具有很强稳定性的客家民系。此后，客家人又以梅州为基地，大量外迁到全国乃至世界各地。“客家四州”为赣州、惠州、梅州、汀州。

改天换地的革命精神

深重的民族危机激发了中华民族救亡图存、变法图强的改良和革命精神，具体表现为：一是开民智、兴民德、鼓民利的启蒙精神。康有为、孙中山积极撰写文章，总结成功与失败的经验教训，描绘蓝图，启发与唤醒全社会民众开创未来社会的新局面。二是积极主动的变革精神。一批仁人志士本着"变者，天下之公理"的精神，积极改变落后中国的面貌。三是大无畏的献身精神。谭嗣同、邹容、秋瑾、林觉民等彰显了资产阶级革命派的英勇献身精神。

思想先驱

——龚自珍的故事

龚自珍（1792—1841 年），字尔玉，又字璱人，号定庵；更名易简，字伯定；又更名巩祚，号定盦，又号羽琌山民。浙江人和（今杭州）人。近代思想家、文学家，改良主义的先驱者。

龚自珍出身于世代官宦学者家庭。祖父龚禔身，官至内阁中书军机处行走，著有《吟朦山房诗》。父丽正，官至江南苏松太兵备道，署江苏按察使，著有《国语注补》《三礼图考》《两汉书质疑》《楚辞名物考》等书。母段驯，著名小说家段玉裁之女，著有《绿华吟榭诗草》。他的“自珍”的名字就是外祖父段玉裁起的。

龚自珍自幼受母亲教育，好读诗文。从 8 岁起学习经学。12 岁从段玉裁学《说文》。他搜辑科名掌故；以经说字、以字说经；考古今官制；为目录学、金石学等。同时，在文学上，也显示了创作的才华。13 岁，作《知觉辨》，“是文集之托始”；14 岁，开始考证古今官制；15 岁，诗集编年；19 岁，倚声填词；到 21 岁，编词集《怀人馆词》3 卷、《红禅词》2 卷。他曾九次抄录学习宋代主张改革政治的王安石《上仁宗皇帝言事书》。王安石的变革维新思想，在他脑海里留下深刻印象。

1810年，龚自珍19岁，应顺天乡试，由监生中式副榜第28名。1818年又应浙江乡试，始中举，主考官为著名汉学家高邮王引之。次年应会试落选，1820年开始入仕，为内阁中书。这时期他逐渐接触社会政治现实，并从科试失意中体验到政治腐败，产生改革的要求和思想，并从刘逢禄学习《公羊传》。他写出了《明良论》《乙丙之际箸议》《尊隐》《平均篇》等政论文。

当时中国封建社会正在急剧没落之中，他任京官多年，深知清朝政治的腐败。有些人却极力粉饰太平，讴歌清王朝“国家承平”“天下恬然”。龚自珍对此很不满意，指出清朝只维持着表面上的繁荣，其实有如“日之将夕”，已是“衰世”了。他特别不满意统治阶级对农民的残酷压榨，焦急地预感到，再让贪官污吏、土豪劣绅继续吮吸农民的血汗，总有一天“山中之民”将要揭竿而起。

他在《平均篇》和《宗农》两篇文章里提出，必须在财产分配上，求得大致的“平均”，做到富的不太富，穷的不太穷，必须反对王室、大官僚利用政权力量兼并土地的行为。

他看到17世纪以来沙皇俄国对中国西北领土的觊觎，担心西北边疆的安全，写了篇《西北置行省议》，建议移民西北，巩固边防。他还敏锐地预见到，英国名义上和中国做生意，实际上是想侵略和掠夺，要中国人民张大眼睛，提高警惕。他的预见，不久以后果然成了事实。

1838年底，清政府由于英国向中国大量贩运鸦片，烟毒泛滥，而不得不派林则徐为钦差大臣，到广东去查禁鸦片。龚自珍原是林则徐志同道合的老友，得到这个消息，大为振奋，写了篇《送钦差大臣林公序》，积极为林则徐禁烟献计献策，要他用重法严禁，要他带重兵随往，提防狡诈的英国侵略者。

龚自珍自中举之后，又经过数十年的艰苦努力，先后会试六次，到1839年，才考上进士。参加这次朝考，龚自珍仍然效法王安石《上仁宗皇帝言事书》，从施政、用人、治水、治边等方面提出革新主张，使皇帝大为吃惊，阅卷官也借口“楷法不中程”，不列优等，拒绝他进入翰林院，仍旧让他充任内阁中书和礼部主事之类的小官。

龚自珍一生怀才不遇，壮志未酬，他却始终没有随世浮沉，放弃理想。他在1839年4月辞官南归和9月北上接眷的往返途中，一边回忆往事，一边赋诗抒怀。一路上，他走走停停，看看想想，写出了七言绝句三百一十五首。这年是己亥年，后来这些诗编集成为《己亥杂诗》。诗里记录了他九千里行程中的见闻、回忆和感想，深刻反映出中国封建社会末世、行将灭亡的清朝的社会风貌。其中有一首这样写道：“九州生气恃风雷，万马齐喑究可哀。我劝天公重抖擞，不拘一格降人材！”他指出：中国需要蓬勃的生气，这种生气只能从疾风迅雷般的变革中得来，而眼前这种无声无息、令人窒息的气氛，是十分可悲的，希望清朝统治者重振精神，不要拘限于资格，要让大批能挽救时世的英才涌现出来！

龚自珍南归后，在丹阳和杭州的书院里讲学。1841年9月26日逝世于丹阳的云阳书院，终年49岁。

编者

作为中国近代一位著名的思想家，龚自珍主张变法革新，认为这是历史的常规，是中国转弱为强的必由之路。他的“九州生气恃风雷”的战斗呼唤，有如黑夜里一声惊雷，震撼了许多人，也照亮了许多人的眼睛，对后来许多主张革新进步的思想家，都有很大影响。作为中国近代一位著名的文学家，他的文章奥博纵横、自成一家，他的诗词瑰丽奇肆、风格清新，并充满爱国的激情。

知识链接

龚自珍的《己亥杂诗》

1839年，龚自珍辞官南归，后又北上接取家属，在南北往返的途中，他写成了315首短诗，并总命名为《己亥杂诗》。它是近代著名的大型组诗，以诗人的一生经历为主线，述写其生平出处、著述、交游等，题材广泛；或记事，或抒情内容复杂，大多借题发挥，抨击时弊，表达其反对侵略、呼唤变革的思想和对未来的憧憬。风格是雄奇与哀艳并存。

《己亥杂诗》中的批判、呼唤、期望、集中反映了诗人高度关怀民族、国家命运的爱国激情。写出了作者对清朝政府不重视筹划关系到国计民生的盐铁生产、税收和水利等问题，一味依赖东南的漕运，对江南人民加重剥削，致使农业生产凋敝，人民困苦不堪，危害国家经济的现实进行了大胆揭露和批评。

大胆变法

——康有为的故事

康有为（1858—1927年），又名祖诒，字广厦，号长素、更生，晚年别署天游化人，广东南海人，人称“康南海”。近代著名政治家、思想家、社会改革家、书法家和学者，戊戌维新运动领袖之一。

康有为1858年出生于广东南海县（今南海区）一个封建官僚家庭，祖父康赞修是道光年间的举人，父亲康达初做过江西补用知县。康有为6岁进私塾读书，11岁时又从任县学教官的祖父康赞修读四书五经。1879年，康有为开始接触西方文化。1882年，康有为到北京参加顺天乡试，没有考取。南归时途经上海，购买了大量西方书籍，吸取了西方的进化论和政治观点，初步形成了维新变法的思想体系。

1888年，康有为再一次到北京参加顺天乡试，还是没有考取。当年9月，他上书光绪帝，痛陈祖国的危亡，批判因循守旧，要求变法维新，提出了“变成法，通下情，慎左右”三条纲领性的主张。1891年，康有为回到广东，开办万木草堂学馆，聚徒讲学，并为变法运动创造理论。先后写了《新学伪经考》和《孔子改制考》两部著作，这两部书都是在尊孔名义下写成的。前一部书把封建主义者历来认为神圣不可侵犯的某些经典宣布为伪造的文献；后一部书把本来偏于保守的孔子打扮成满怀进取精神，提倡平等观念的人。康有为的这些看法，虽都不科学，但他的改革精神却在知识界产生了强烈的震动和反响，而对封建顽固守旧分子构成了很大的威胁，因而这两部书被他们视为异端邪说。1894 年，康有为开始编《人类公理》一书，这本书经多次修补，后来定名为《大同书》发表。《大同书》描绘了人世间的种种苦难，提出大同社会将是无私产、无阶级、人人相亲、人人平等的人间乐园。

在为戊戌变法奠定了理论基础之后，1895—1898 年，康有为积极地进行了变法实践。1895 年 4 月，正在北京参加会试的各省举人，听说清政府要与日本订立丧权辱国的《马关条约》，极为愤慨。康有为连夜起草了一份一万四千多字的上皇帝书。各省举人一千三百多人集会，通过了这个万言书。5 月 2 日，这份万言书送交都察院。这就是有名的“公车上书”。在上书中，康有为从爱国的立场出发，强烈主张“拒和、迁都、变法”，建议皇帝“下诏鼓天下之气，迁都定天下之本，练兵强天下之势，变法成天下之治。”在这次会试中，康有为中了进士，被任命为工部主事。以后，康有为又连续给皇帝上了几次书。光绪皇帝对康有为提出的问题，很受感动。在这些上书中，康有为系统地发挥了自己的变法思想，从政治、经济、文化教育几个方面系统地提出了自己的见解。政治方面，康有为提出了变君专制为君主立宪的要求。他指出：“东西国之强，皆以立宪法，开国会之故。国会者，君与国民共议一国之政法也”。经济方面，康有为提出了发展工业，振兴商业，保护民族资产阶级利益的主张。文化教育方面，康有为提出了“开民智”“兴学校”“废八股”的主张。这几个方面构成了康有为变法维新的基本纲领。

为了组织和发展维新派力量，1895 年 8 月，康有为在北京组织了强学会。强学会成立之后，每三天举行一次例会，相互讨论“中国自强之学”，批判顽固派的投降卖国。这就惹怒了李鸿章等人，他们下令封闭了这个学会。在这个学会被封闭之前，康有为已感到形势紧张，于同年 11 月离京南下在上海组织了强学分会，不久也被封闭。

1897 年 11 月，德国出兵占胶州湾，引起了全国人民的强烈反对。1898 年 4 月，康有为在北京又组织了保国会。在成立大会上，康有为慷慨陈词，说：“二月以来，失地失权之事已二十见，来日方长，何以卒岁?”康有为的话深深地打动了听众的心，保国会员很快发展到数百人。这就引起了顽固派的恐惧和诽谤。有人上书大骂保国会是“名为保国，势必乱国。”有的人还上书弹劾，准备对康等进行查究。只是光绪皇帝说了“会为保国，岂不甚善”才算作罢。不过从此以后，保国会的活动也就很少了。康有为和他的同事们通过组织学会，宣传了爱国主义思想，进一步动员了群众，扩大了变法维新的影响。

改良派还通过发行报刊进行舆论宣传。1895 年强学会成立时，康有为就在北京创办《中外纪闻》，开始印一千份，后来加印三千份。当时许多官员都能看到，一时在朝廷内外影响甚大。同年，康有为又在上海组织发行了《强学报》。改良派通过报纸，动员力量，扩大了自己的阵地。

康有为通过一系列的政治实践，在社会上名声很大。光绪皇帝准备召见康有为。但是，由于顽固大臣从中设置障碍未能成功。光绪皇帝下令说，以后康有为如有奏折，即日呈递，不得阻拦。1898 年 6 月 11 日，光绪皇帝发布“明定国是”诏书，宣布实行新政，“变法自强”。五天以后，光绪皇帝正式接见康有为，并赏给六品衔，在“总理衙门章京上行走”，同时给他以专折奏事的权力。不久，梁启超、谭嗣同也都在政府中任了职。这样康有为和他的同事们总算参与了变法维新的机要。在三个来月的时间里，他们根据皇帝的授意，发布了不少实行新政的诏书，如设立学堂、提倡一定的言论自由、奖励发明创造、保护和奖励农工商业、改革财政等。康有为等人以为，只要抓住了皇帝好像就能无事不成，其实，光绪皇帝只不过是个空架子，实权完全掌握在顽固派慈禧等人手里。正当康有为等踌躇满志的时候，顽固派一个反扑，就把改良派打了下去。9 月，光绪皇帝被囚禁，谭嗣同等人被杀，康有为、梁启超逃亡国外。戊戌变法运动，前后不过百天，历史上又称“百日维新”。

康有为领导的变法运动固然有其进步意义，但其失败也带有一定的必然性。因为他们害怕群众甚至敌视群众。他们主张变法，但却反对革命。康有为认为“凡君主专制、立宪、民主三法，必当一一循序行之，若紊其序，则必大乱。”他在《进呈法国革命记序》中，把革命描写得十分残暴吓人：“臣读各国史，至法国革命之际，君民争祸之剧，未尝不掩卷而流涕也。流血遍全国，巴黎百日而伏尸百二十九万变革三次，君主再复，而绵祸八十年。”正是基于这种认识，康有为在戊戌变法以后还死抱住保皇的主张不放，坚决反对革命，最后成了阻碍历史前进的绊脚石。

辛亥革命后，康有为于 1913 年回国，主编《不忍》杂志，宣扬尊孔复辟。作为保皇党领袖，他反对共和制，一直谋划清废帝溥仪复位。1917 年，康有为和效忠前清的北洋军阀张勋发动复辟，拥立溥仪登基，不久即在当时北洋政府总理段祺瑞的讨伐下宣告失败。

康有为晚年始终宣称忠于清朝，溥仪被冯玉祥逐出紫禁城后，他曾亲往天津，到溥仪居住的张园觐见探望。1927 年，康有为病死于青岛。

编者

康有为是清末民初最有影响的思想家，在19世纪的最后几年，他领导了中国知识界的启蒙运动。在我国历史上，他首次倡导了政治体制上的中西结合，最早在中国提出了立宪政体，并提出了具体的宪政方案：兴民权、设议会、进行选举和地方自治，在坚持儒家传统和帝制的前提下，逐步学习西方的立宪经验。

知识链接

强学会

强学会是戊戌变法时期的政治团体。1895年，中日甲午战争后，民族危机严重，康有为等资产阶级改良派发动的“公车上书”不达，认为“思开风气、开知识，非合大群不可”“合群非开会不可”，于是先办《万国公报》，于1895年8月17日创刊，“遍送士夫党人”，使之“渐知新法之益”。11月中旬，强学会成立，又称译书局或强学书局。列名会籍的有康有为、梁启超、沈曾植、文廷式、陈炽、丁立钧、杨锐等，李鸿藻、翁同龢等也予支持，成为改良派和帝党相结合的政治团体。“先以报事为主”，改《万国公报》为《中外纪闻》，双日刊，有阁抄、新闻及“译印西国格致有用之书”诸栏，译印后有附论，专论不多。当月，上海强学会成立，拟定章程，说明“专为中国自强而立”，以通声气，聚图书，讲专门，成人才，成“圣教”。1896年1月12日创刊《强学报》，倡导维新变法，提出开议院的政治主张。列名会籍的有康有为、梁鼎芬、汪康年、张謇、黄遵宪等。20日，后党御史杨崇伊上疏弹劾强学会，请饬严禁。该会遂被改为官书局，专欲“译刻各国书籍”，不准议论时政。“专为中国自强而立”的强学会便违失原旨。北京强学会遭封禁，上海强学会也随之解散。

宣传变法

——梁启超的故事

梁启超（1873—1929 年），字卓如，号任公，又号饮冰室主人、饮冰子、哀时客、中国之新民、自由斋主人等。广东新会人。中国近代维新派代表人物，学者。中国近代史上著名的政治活动家、启蒙思想家、资产阶级宣传家、教育家、史学家和文学家。戊戌维新运动领袖之一。

梁启超 1873 年出生于一个地主家庭。他自幼聪慧异常，学习勤奋。8 岁能吟诗作文，12 岁考上秀才，17 岁中了举人，因此在乡里有“神童”之称。在他的少年时代，祖父和父亲时常给他讲宋、明两朝仁人志士的故事，这些都在他幼小的心灵里留下了深刻的印象。

1890 年春，梁启超赴京会试，不中。回粤路经上海，看到介绍世界地理的《瀛环志略》和上海机器局所译西书，眼界大开。同年结识康有为，投其门下。成了康有为最得意的学生和助手，历史上将二人并称“康梁”。

1895 年，梁启超和康有为同赴北京应试进士。这时正值中日甲午战争爆发之后，清政府被迫签订了丧权辱国的《马关条约》，康有为在北京发起并组织了“强学会”。在此期间，他们两人串联18省举人举行了声震全国的“公车上书”，吹响了近代资产阶级改良运动的冲锋号，揭开了戊戌变法的序幕。此后，梁启超协助康有为为实行变法进行了大张旗鼓的宣传鼓动工作。他先后担任过北京《中外纪闻》报的负责人和上海《时务报》的主笔，发表了许多批判封建专制，鼓吹变法维新的文章。他的文章满怀感情，文字流畅，立论新颖，吸引了千千万万有志救国之士。《时务报》在创刊后几个月内发行量就猛增到一万七千多份，开创了当时中国报刊史上的最高纪录。

在一篇题为《变法通议》的著名政论中，梁启超运用进化论的观点，说明天地之间没有一成不变的制度，实行变法是历史发展的客观规律。他在文中指出“变者天下之公理”“穷则变，变则通，通则久”，只有迅速变法，才能挽救危亡的祖国，率先倡导中国社会制度的变革。他还列举中国历史上和清朝屡次改制的事实，把封建顽固派所谓“天不变，道亦不变”“祖宗之法不可改”的谬论批驳得体无完肤，并警告清朝政府“变亦变，不变亦变”，如果不实行变法，中国必将遭致列强瓜分之祸，丧失独立自主的地位，后果不堪设想。

梁启超的文采可以说是蜚声海内外的，他的文章气势奔放、脍炙人口，具有极强的鼓动性，尤其是《少年中国说》一文，当数近代文库中不可多得的精品。梁启超面对帝国主义者讥讽腐败无能的满清政府为“老大帝国”，愤慨地坚持立场以理据争。文章从头至尾对腐朽官僚提出毫不留情的谴责，表现出了强烈要求祖国繁荣富强的愿望和积极的进取精神。文章最后将笔锋转到中国的前途命运上来：“故今日之责任，不在他人，全在我少年。少年智则国智，少年富则国富，少年强则国强，少年独立则国独立，少年自由则国自由，少年进步则国进步，少年胜于欧洲，则国胜于欧洲，少年雄于地球，则国雄于地球。”种种无可辩驳的事实将一代人对于国家民族生死存亡的历史责任跃然纸上，在当时的知识分子中产生了广泛而深刻的影响。后来走上共产主义道路的民主革命老战士吴玉章就曾经回忆说：“当我读到康梁（特别是梁启超）的痛快淋漓的议论后，我很快就成了他们的信徒。一心要做变法维新的志士，对于习八股，考功名，便没有多大的兴趣。”

1897年夏，由于不甘忍受洋务派的压制，梁启超愤然离开上海，奔赴洞庭湖畔的湖南，协助湖南资产阶级改良派开展维新运动。在这里，他担任了时务学堂的中文总教习，并参与了创办南学会、《湘学新报》等活动。在他和谭嗣同等人协力下，湖南的维新变法运动搞得有声有色，很快成为当时全国最富革命朝气的先进省。为避开封建顽固势力打击，同时也为了帮助康有为开展变法活动，1898年初，梁启超离湘返沪，并北上。他表示“非破家不能立国，非杀身不能成仁”，为了换取祖国的富强，杀身破家在所不惜。在他和康有为发起成立的“保国会”成立大会上，他发表了热情洋溢的演说，说明“保国会”的宗旨，就是要“保国、保种、保教”，挽救国家危亡。虽然由于封建顽固派的破坏，“保国会”仅存在了三天，但它却为即将到来的“百日维新”作了直接的组织和舆论准备。

在改良派沸腾的救亡热潮推动下，光绪帝终于在1898年6月11日下诏宣布正式变法。此后历时103天的“百日维新”期间，梁启超作为资产阶级改良派的主要领导人，积极参与策划各种改革措施，并且受到光绪帝的特别召见，被授予六品官衔，专门负责办理京师大学堂（北京大学前身）和译书局事务，主管一部分文教事业。9月21日变法失败，他事先闻讯逃出北京，流亡日本。

五四运动以后，梁启超退出政治舞台，专门从事学术研究。

他在史学界作出的贡献很大，写下的一系列学术著作具有较高的研究价值，尤其是在小说、诗歌的改良上，梁启超可以说是开创白话文风气的先驱者之一。1929 年，梁启超病逝于天津。

编者

梁启超是中国近现代史上影响巨大的人物，但对他的评价却褒贬不一。过去很多人批判他是保皇派和反革命，直到近几十年学界才对他进行了深入的研究，给予恰当的评价。可以说梁启超是中国历史上少有的奇才。

知识链接

提出“中华民族”称谓第一人

梁启超是提出“中华民族”称谓的第一人。“中华民族”这一家喻户晓的称谓，细算起来也只有一百多年的历史，其创始人就是梁启超。

梁启超创立“中华民族”一词之前，中国人基本上没有现代的民族观念，甚至连“民族”一词也没有使用过。习惯上所说的“华夏”“汉人”“唐人”“炎黄子孙”，乃至外国人将中国称之为“大秦”“震旦”“支那”等，都不是现代意义上的民族国家的称谓。所谓“华夷之辨”“夷夏之防”，集中反映的也是一种相对狭隘的朴素的种族意识。

1901 年，梁启超发表《中国史叙论》一文，首次提出了“中国民族”的概念，并将中国民族的演变历史划分为三个时代。他在论述战国时期齐国的学术思想地位时，正式使用了“中华民族”一词。其云：“齐，海国也。上古时代，我中华民族之有海权思想者，厥惟齐。故于其间产出两种观念焉，一曰国家观；二曰世界观”。

由“保种”“民族”到“中国民族”，再到“中华”和“中华民族”，梁启超基本完成了“中华民族”一词的创造。这是目前所见到的关于“中华民族”的最早词汇，一直沿用到今天。

由于梁启超崇高的地位和影响，“中华民族”一词一经提出，就在社会上引起了很大的反响。当时在留日中国学生所办的报刊当中，无论是《浙江潮》《江苏》《二十世纪之支那》，还是《民报》《国民报》《童子世界》，都对民族主义以及“中华民族”的含义展开了讨论。

献身变法

——谭嗣同的故事

谭嗣同（1865—1898 年），字复生，号壮飞，又号华相众生、东海褰冥氏、廖天一阁主等，湖南浏阳人。著名维新派人物。

谭嗣同的父亲谭继洵曾任清政府户部郎中、甘肃道台、湖北巡抚等职。生母徐氏出身贫寒，作风勤朴，督促谭嗣同刻苦学习。谭嗣同从 5 岁起开始就读四书五经，接受传统思想文化教育。10 岁时，嗣同拜浏阳著名学者欧阳中鹄为师。在欧阳中鹄的影响下，对明末清初的两位大思想家王夫之和黄宗羲的思想发生了浓厚兴趣，受到了爱国主义的启蒙。他读书务求广博，好讲经世济民的学问，写得一手好文章。他对八股非常反感，在课本上写下“岂有此理”几个字。他仰慕那些锄强济弱的草莽英雄，曾与当时北京的一个“义侠”大刀王五结交。王五成了谭嗣同的武术老师，二人成为生死不渝的挚友。在欧阳中鹄和大刀王五的熏陶下，谭嗣同在青少年时代既不花天酒地，也不慕名仕途，具有和一般纨绔子弟迥然不同的志趣。1877 年，在浏阳，他又师从涂启先，系统学习中国的典籍，开始接触算学、格致等自然科学。此后又到兰州，在他父亲的道署中读书。

1884年，谭嗣同离家出走，游历直隶（今河北）、甘肃、新疆、陕西、河南、湖北、江西、江苏、安徽、浙江、山东、山西等省，行程八万里，观察风土，结交名士。在这长达十年的漫游中，不仅是祖国河山的雄伟磅礴和秀丽风光，加深了他对祖国的了解和赤子之爱；同时目睹了劳动人民的悲惨生活，更使他为祖国的灾难而叹息，为人民的痛苦而悲愤。在陕甘古道上，面对凄厉哀号的逃荒人群，谭嗣同不禁发出了“风景不殊，山河顿异；城郭犹是，人民复非”的感叹，也激起了他对清政府腐败统治的不满和探求救国救民真理的热忱。从1888年起，他在著名学者刘人熙的指导下开始认真研究王夫之等人的著作，汲取其中的民主精华和唯物思想，同时又广为搜罗和阅读当时介绍西方科学、史地、政治的书籍，丰富自己，开始了由封建主义向资产阶级民主主义立场的转变。

1894年，中日甲午战争爆发。由于清政府的腐败无能和妥协退让，中国战败，签订了丧权辱国的《马关条约》。1895年5月2日，康有为联合在京参加会试的1000多名举人上书清政府，要求拒和、迁都、变法。深重的民族灾难，焦灼着谭嗣同的心，他对帝国主义的侵略义愤填膺，坚决反对签订和约，对清政府“竟忍以四百兆人民之身家性命一举而弃之”的妥协行径极为愤慨。极度的悲愤，促使他奋笔疾书，写下了一首催人心肝的感事诗：“世间无物抵春愁，合向苍冥一哭休。四万万人齐下泪，天涯何处是神州！”这年冬天，他在《三十自纪》中自号“壮飞”，表示为了救中华于危亡，要做一个飞翔天下、成就一番大事业的壮士。

在变法思潮的影响下，谭嗣同开始“详考数十年之世变，而切究其事理”，苦思精研挽救民族危亡的根本大计。他感到“大化之所趋，风气之所溺，非守文因旧所能挽回者”，必须对腐朽的封建专制制度实行改革，才能救亡图存。1897 年夏秋间，写成重要著作《仁学》，它是维新派的第一部哲学著作。他认为物质性的“以太”是世界万物存在的基础，世界万物处于不断运动变化之中，而变化的根源在于事物的“好恶攻取”“异同生克”。他把“以太”的精神表现规定为“仁”，而“仁”的内容是“通”，“通之象为平等”，“仁——通——平等”是万物的发展法则，是不可抗拒的规律。他在这部著作中，愤怒地抨击了封建君主专制所造成的“惨祸烈毒”和三纲五常对人性的摧残压抑。指出，封建纲常礼义完全是那些独夫民贼用做统治的工具，特别是君臣一伦，更是“黑暗否塞、无复人理”。因此，对于那些昏暴的专制君主，不仅可以不为其尽忠死节，而且可以“人人得而戮之”。谭嗣同的《仁学》，不仅是“戊戌变法”的重要文献之一，对后来的邹容、陈天华、秋瑾等一大批爱国志士的成长也都产生过重要影响。

1898 年初，谭嗣同接受了倾向维新的湖南巡抚陈宝箴的邀请，回到湖南协助举办新政。他首先加强了时务学堂中维新派力量。自己担任了分教习，又安排唐才常任中文教习，协助任总教习的梁启超，在教学中大力宣传变法革新理论，“所言皆当时一派之民权论，又多言清代故实，胪举失败”。孔子改制、平等、民权等学说由此而乘风扬波，日益恢张。他还把《明夷待访录》《扬州十日记》等含有民族主义意识的书籍发给学生，向他们灌输革命意识，使时务学堂真正成了培养维新志士的机构。

1898 年 3 月，他又与唐才常等人创建了维新团体南学会。南学会以联合南方各省维新力量，讲求爱国之理和救亡之法为宗旨，“演说万国大势及政学原理”。为了加强变法理论的宣传，他还创办了《湘报》，作为南学会的机关报，由他任主笔。由于对湖南新政的尽力，使他以“新政人才”而闻名。光绪《明定国是诏》颁布后不久，就有人向光绪帝推荐谭嗣同，光绪帝同意召见。8 月 21 日，谭嗣同抵北京。9 月 5 日，光绪帝下诏授给他和林旭、刘光第、杨锐四品卿衔，参与新政。次日，光绪又召见他，表示自己是愿意变法的，只是太后和守旧大臣阻挠而无可奈何，并说："汝等所欲变者，俱可随意奏来，我必依从。即我有过失，汝等当面责我，我必速改。"

光绪帝变法的决心和对维新派的信赖使谭嗣同非常感动，觉得实现自己抱负的机会已经成熟。他参政时，维新派与顽固派的斗争已是剑拔弩张。慈禧太后等人早有密谋，要在 10 月底光绪帝去天津阅兵时发动兵变，废黜光绪帝，一举扑灭新政。9 月 18 日，谭嗣同夜访袁世凯，要袁带兵入京，除掉顽固派。袁世凯假惺惺地表示先回天津除掉荣禄，然后率兵入京。袁世凯于 20 日晚赶回天津，向荣禄告密，荣禄密报慈禧太后。21 日，慈禧太后发动政变。慈禧连发谕旨，捉拿维新派。谭嗣同听到政变的消息后并不惊慌，他置自己的安危于不顾，多方活动，筹谋营救光绪帝。但措手不及，计划均告落空。在这种情况下，他决心以死来殉变法事业，用自己的牺牲去向封建顽固势力做最后一次反抗。

谭嗣同把自己的书信、文稿交给梁启超，要他东渡日本避难，并慷慨地说："不有行者，无以图将来，不有死者，无以召后起。"日本使馆曾派人与他联系，表示可以为他提供"保护"，他毅然回绝，并对来人说："各国变法无不从流血而成，今日中国未闻有因变法而流血者，此国之所以不昌也。有之，请自嗣同始。"24 日，谭嗣同在浏阳会馆被捕。在狱中，他意态从容，镇定自若。9 月 28 日，他与其他 5 位志士英勇就义于北京宣武门外菜市口。

当他们被杀时，刑场上观看者上万人。他神色不变，临终时还大声说："有心杀贼，无力回天，死得其所，快哉快哉！"充分表现了一位爱国志士舍身报国的英雄气概。1899 年，他的遗骸运回原籍，葬在湖南浏阳城外石山下。墓前华表上对联写道：“亘古不磨，片石苍茫立天地；一峦挺秀，群山奔赴若波涛。”其著作编为《谭嗣同全集》。

编者

谭嗣同是“戊戌六君子”之一，就义时年仅 34 岁。他反封建的民主思想和英勇就义的精神，影响了后世的革命志士。谭嗣同为了祖国的昌盛而身殉变法的精神，至今还激励着千千万万有志于振兴中华的人们。

知识链接

大刀王五

京师武林名侠，本名王正谊，字子斌，祖籍河北沧州，回族人。因他拜李凤岗为师，排行第五，人称“小五子”；又因他刀法纯熟，德义高尚，故人尊称他为“大刀王五”。大刀王五一生行侠仗义，曾支持维新，靖赴国难，成为人人称颂的一代豪侠。位列民间广泛流传的晚清十大高手谱中，与燕子李三、霍元甲、黄飞鸿等著名武师齐名。

军事领袖
——黄兴的故事

黄兴（1874—1916 年），原名轸，字廑午，号杞园，又号克强，后改名兴，湖南善化（今长沙）人。中国近代民主革命家。中华民国开国元勋，常与孙中山以“孙黄”并称。

1874 年 10 月 25 日，黄兴出生在长沙市郊的一个地主家庭。父亲黄筱村是晚清秀才，是当地颇有名气的读书人，他对黄兴的管教很严。黄兴从小进私塾读书，15 岁考入长沙著名的岳麓书院。22 岁考中秀才。1898 年因成绩优秀被保送到武昌两湖书院学习。当时正值八国联军进攻中国，国家的独立和民族的生存遭到严重威胁。帝国主义强盗的野蛮行径，激起了黄兴的无比愤慨，他决心刻苦学习，以便将来为国家和民族效力。这期间，黄兴读了 18 世纪法国资产阶级思想家卢梭的《民约论》等著作，逐渐接受了资产阶级的政治观点，思想更加激进，日益倾向革命。

1902 年春，黄兴从两湖书院毕业，被派往日本留学，入东京弘文书院速成师范科学习，并参与创办《湖南游学译编》杂志，组织“湖南编译社”，介绍西方科学文化。1903 年 4 月，为反对沙俄拒不从东北撤兵，黄兴同留日学生二百多人组织拒俄义勇队

（后改称学生军、军国民教育会）。随后以军国民教育会运动员的名义归国。回长沙后，黄兴任教于明德、修业等学堂，暗中进行反清革命活动。1903 年 11 月 4 日，黄兴借三十岁生日为名，邀陈天华、宋教仁、张继、刘揆一、章行严等二十余人筹商成立秘密革命团体华兴会，后被选为会长。他提出在湖南首先发难，争取各省响应的方略，并决定从联络军、学两界和会党入手，准备在慈禧太后七十岁生辰时，乘机起义。计划泄露后，黄兴等被迫流亡日本。

1905 年 7 月，他在日本结识刚到日本的孙中山，并力主孙中山筹组中国同盟会。8 月 20 日，中国同盟会在东京正式成立。黄兴任同盟会庶务，成为同盟会中仅次于孙中山的领袖，之后主要发展革命分子、组织武装起义。1907 年夏，到越南河内，与孙中山一起策划在南方起义。9 月，黄兴先后发动并指挥了钦州、防城起义；12 月发动镇南关起义。1908 年 3 月，黄兴等人由越南再次进入广西，率领 200 余人在钦州、廉州、上思起义，与 2 万清兵周旋月余，并激战数十回，大破清兵。后弹尽粮绝，退回河内。之后他又发动云南河口等起义，都遭失败。1909 年秋，黄兴受孙中山委派，到香港成立同盟会南方支部，策划广州新军起义。起义失败后，孙中山召集“庇能会议”，议决倾全党人力物力，在广州再举行起义。

1910 年 11 月 3 日，黄兴与孙中山等在南洋槟榔屿（马来西亚）集会，决定在广州再举行起义，与清军决一死战。1911 年初在香港成立领导起义的总机关统筹部，黄兴任部长。于 4 月 27 日发动黄花岗起义，他率敢死队百余人猛攻两广总督衙门，许多革命党人英勇牺牲，事后收殓殉难者遗体，有 72 具，史称“黄花岗七十二烈士”。黄兴指挥队伍杀敌，战至最终只剩他一人。黄兴右手受伤，断去两指。起义失败后，他在香港养伤，支持宋教仁、谭人凤等在上海成立同盟会中部总会。10月10日武昌起义爆发，黄兴于28日赶到武汉，被任命为革命军战时总司令，率民军在汉阳前线与清军奋战二十余日。11月27日汉阳失陷后，转赴上海。南京光复后，独立各省代表会议先举他为大元帅，后改为副元帅代行大元帅职权，他均未赴任。

1912年1月1日，南京临时政府成立，孙中山任临时大总统，黄兴任陆军总长兼参谋总长。袁世凯窃取政权后，临时政府北迁，黄兴任南京留守，主持整编南方各军。因军饷无着，军队哗变，于是大量裁遣。嗣后又自行取消留守府，退居上海。6月30日，黄兴参加同盟会上海支部夏季常会，发表政见，说民国成立已半年，而一切未能就绪，“其原因在于政党未能成立”，强调要贯彻三民主义，特别是民生主义。8月25日，同盟会与统一共和党等联合，改组为国民党，黄兴被推为理事。12月，黄兴接受袁世凯委任之汉川铁路督办职务，不久又辞职。

1913年3月，袁世凯派人暗杀国民党代理事长宋教仁。孙中山主张立即兴师讨袁，黄兴以南方各省内部不统一，军队力量薄弱，对讨袁缺乏信心，主张法律解决。7月初，孙中山在上海再次召开军事会议，决定兴师讨袁，黄兴表示赞同。二次革命爆发，黄兴在南京强迫江苏都督程德全宣布独立。黄兴被推为江苏讨袁军总司令。二次革命迅速失败，孙中山、黄兴与国民党许多骨干分子再次流亡日本。孙中山总结失败教训，对黄兴有所责难。

1914年，孙中山在日本将国民党改组为中华革命党，要求党员入党时按指印，宣誓服从孙中山的命令。黄兴同孙组党意见不合，拒绝加入。同年夏，他离日旅居美国。袁世凯恢复帝制时，他在旅美华侨中宣传反袁，并为护国军筹措军饷。1916年，袁世凯死后，黄兴应孙中山邀请回到上海。不久，他胃病复发，日益恶化，临危时，黄兴怀着一片爱国热忱，恳切地对孙中山说：“革命要一个有远见的政党，要有千百万群众……”

1916年10月31日，黄兴在上海因病逝世，时年仅42岁。孙中山亲自主持治丧活动。次年4月15日，国葬黄兴于长沙岳麓山云麓峰下小月亮坪。

编者

黄兴继承了中华民族“以天下为己任”的爱国主义优良传统，将振兴中华的责任置于肩上。在两湖书院求学时，黄兴就有一诗《咏鹰》：“独立雄无敌，长空万里风。可怜此豪杰，岂肯困樊笼？一去渡沧海，高扬摩碧穹。秋深霜气肃，木落万山空。”诗中鹰的雄姿和壮怀，无疑就是诗人自己的写照。

知识链接

黄花岗七十二烈士

黄花岗七十二烈士，指1911年4月27日广州起义中牺牲后葬于市东北郊黄花岗（原名红花岗）的革命党人。

1910年秋，孙中山与同盟会的许多重要骨干集议于庇能（今槟榔屿），决定在广州发动新的起义。会议总结了过去的经验教训，确定以同盟会员为骨干，广泛发动新军、防管、巡警、会党和民军，并在夺取省城后把革命火焰燃向长江流域和全国。会后，孙中山到各地募款。黄兴、赵声负责筹划起义，主持了总机关“统筹部”。大批革命党人集中于香港。广州城内建立了约四十个据点。由于情势的变化，起义日期一再变动。当黄兴最终决定4月27日发难时，不得不把原计划的十路并举改为四路突击。但当举义时，实际上只有黄兴率领的一支队伍直扑两广总督衙门，并分兵攻打督练公所等处，孤军转战，最后终于失败。喻培伦、方声洞、陈更新、林觉民等约百余人死难，起义失败后同盟会会员潘达微冒着生命危险把散落的七十二位烈士遗骸收殓安葬于红花岗，后将此地改名为"黄花岗"，黄花即菊花，象征节烈，史称"黄花岗七十二烈士"。这次起义极大地振奋了广大群众的斗志，成为辛亥革命的前奏。

黄花岗墓园始建于1912年，孙中山书"浩气长存"四字镌于墓坊。烈士墓构筑在岗陵之上，记功坊峙立墓后。墓道两旁苍松翠柏，烘托出满园黄花辉映碧血的庄严肃穆气氛。园内还建有八角亭、四方池、石桥等。

坚强斗士

——陆皓东的故事

陆皓东（1868—1895 年），原名中桂，字献香，号皓东，广东香山（今中山市）人。近代民主革命家。1895 年在广州起义时不幸被捕，英勇就义。被孙中山誉为“中国有史以来为共和革命而牺牲者之第一人”。

陆皓东出身于商人之家，父亲陆晓帆长期在上海经商，家产颇丰。陆皓东是家中独子，禀赋聪颖，性情直爽，父母对他非常钟爱。陆皓东比孙中山只小一岁，两家相距不远。两人从小便常在一起玩耍，成为“竹马总角之交”的挚友。陆皓东 8 岁时入私塾读书，最喜爱绘画。他在朗朗的书声中读过了恬静欢快的童年。

1883 年秋，陆皓东 16 岁的时候，孙中山从檀香山归国回到家乡。他与孙中山交往更加密切，并从孙中山那里接受了许多欧美科学文化知识和资产阶级民主主义思想。陆皓东非常赞成孙中山宣传政治革命、抨击清政府的腐败和社会风俗不良等行为。并同孙中山一起将村庙北极殿中的神像砸毁，为豪绅地主所不容。于是，当年 11 月，陆皓东被迫离开家乡，避往香港。在香港，他与孙中山一起加入了基督教。不久，他前往上海电报学堂学习。毕业后，在上海电报局任译电员，后升任领班。

1890年，陆皓东回乡完婚时，正逢孙中山在香港、广州与陈少白、尤列、杨鹤龄等探求革命救国的途径，他就留下与孙中山等共同商议推翻满清的计划，他积极支持孙中山的政治见解。他们一起确定了排满的宗旨，目的在于“警醒黄魂，光复汉族”。1893年冬，陆皓东与孙中山、尤列、郑士良等8人在广州广雅书局抗风轩开会，策划创设革命组织，提议组建兴中会，以“驱除鞑虏，恢复中华”为宗旨，后因人数不多，没有形成具体组织。

1894年初，陆皓东随孙中山回到故里，帮助他起草上李鸿章书稿，要求学习西方，改革政治、经济、教育制度，以求国家富强。2月，陪孙中山经上海到天津上书李鸿章，希望李能接受革新主张。但未被接纳，他俩怀着惆怅愤懑的心情，怏怏而返。从此放弃了和平改良的幻想，一心从事推翻清王朝的革命斗争。兴中会成立后，他与陈少白等人在香港从事革命联络工作。

1895年初，陆皓东与陈少白等协助孙中山完成了联合杨衢云、谢缵泰等人组织的辅人文社的工作。2月21日，兴中会总部在香港中环士丹顿街13号成立，以“乾亨行”的名义作掩护。3月16日，孙中山召集会员讨论发动广州起义的计划。会上通过了陆皓东提出和精心设计的青天白日旗，作为革命军的军旗。不久，他和孙中山、郑士良等到广州，成立兴中会组织，在双门底王氏书舍设“农学会”作为掩护起义的总机关，由他主持工作。经过几个月的努力，先后建立秘密机关数十处，联络防营、水师及附城一带会党、绿林、游勇等。至8月底，起义的准备工作大体就绪，遂决定于10月26日起事。他奉命与郑士良、陈少白协助孙中山在广州指挥调度。

10月26日，起义因故未能如期举行。次日，消息泄露，两广总督谭钟麟派大批军警到处搜捕革命党人。他得知这个消息后，立即安排机关的人员转移，他自己最后离开机关。走到半路，忽然想起党员名册不知是否已由经管同志带走，决定返回察看处理。同行的同志以形势危险极力劝阻。他坚决地说：“党员名册最重要，倘被搜去，清吏按名册株连，我党岂尚有余类。我个人冒生命危险去保全多数同志，实分内事。”说完，毅然返回。

到机关后，军警接踵而至，将机关严密包围。他迅速紧闭大门，取出党员名册烧毁，待军警破门而入时，名册已成灰烬。他从容被捕，被押往海南县署审讯。清吏严刑逼供，妄图从他口中获悉同党名单，他宁死不招。叱令使跪，他坚不屈膝。县令强逼供词，他愤慨激昂，当庭直书，痛斥“异族政府之腐败专制”“贪官污吏，劣绅腐儒，腼颜鲜耻，甘心事仇”；直认杀满兴汉不讳。又慷慨陈词：“今事虽不成，我心甚慰。但一我可杀，而继我而起者不可尽杀！公羊既没，九世含冤异人归楚，吾说自验。吾言尽矣，请速行刑！”清吏气急败坏，以钉插其手足，凿其牙齿，用尽严刑酷法。他多次死而复苏，始终不屈，并严厉痛斥清吏：“你们虽以严刑加我，但我肉痛而心不痛，其奈我何！”1895年11月7日，陆皓东英勇就义，年仅27岁。

后人将仅能找到的他的两枚遗齿及衣冠，葬于他的故乡翠亨村。他是孙中山早期的革命同志和忠实助手。被孙中山称为“吾党健将”“沉勇元良，命世英才”，是“中国有史以来为共和革命而牺牲者之第一人”，其“死节之烈，浩气英风，实足为后死者之模范”。

编者

被捕以后，陆皓东面对敌人的斧钺梃杖，坚贞不屈，豪气不减。他手脚被钉上竹钉，牙齿被一颗颗凿落，浑身上下被拷打得血肉模糊，多次死而复苏，始终未透露一个同志姓名。为了革命事业，陆皓东以惊人的毅力顽强坚持革命气节，绝不低头屈服，这种誓死不屈的革命精神可歌可泣。他将自己年轻的生命奉献给了我们可爱的祖国，受到亿万人民世世代代的怀念与推崇。

知识链接

兴中会

1894 年，孙中山上书李鸿章要求改革被拒绝后，于秋间出国，前往他早年曾求学的檀香山。这时中日甲午战争爆发已三月余，中国的海陆军连遭败绩，日军已侵入中国东北。怀抱“改良祖国”大志却痛感报国无门的孙中山愈益忧愤，遂在华侨中揭露清王朝的腐朽残暴，倡议集结团体，共谋救国大计。11 月 24 日，20 多个赞同孙中山主张的进步华侨，在檀香山聚议成立兴中会，通过了孙中山草拟的《兴中会章程》（标志兴中会成立，宗旨是“驱除鞑虏，恢复中华，创立合众政府。”）。刘祥、何宽为首任正副主席，然不久，刘祥便退出兴中会。《章程》斥责清王朝昏庸误国，招致严重的民族危机，申述该会以“振兴中华，挽救中局”为宗旨。兴中会完全不同于以前反清的旧式会党，而是一个以在中国开展资产阶级民主革命为职志的政治集团。

革命马前卒

——邹容的故事

邹容（1885—1905 年），原名绍陶，又名桂文，字蔚丹（威丹），留学日本时改名为邹容。四川省巴县（今重庆巴南区渔洞）人。清末资产阶级革命派宣传家、民族英雄，民主革命家。

邹容的父亲是四川巴县（今重庆巴南区渔洞）一位富裕的民族工商业者。邹容的童年和少年时代就是在嘉陵江畔这座山城里度过的。邹容 6 岁入私塾。12 岁读《四书》《五经》《史记》《汉书》及名家传记。其父要他科举高中，他却讨厌经学的陈腐，鄙弃八股功名，喜读《天演论》《时务报》等新学书刊，心向维新变革的新思潮，常“非尧舜，薄周礼，无所避”。

1898 年，不满 13 岁的邹容被父亲逼着随兄应巴县童子试，题旨皆《四书》《五经》，他遂罢考而去，遭父笞责而志不改。就在这一年，爆发了戊戌维新运动。当得知谭嗣同等六君子变法遇难的消息，他悲愤不已，作诗曰：“赫赫谭君故，湘湖士气衰。惟冀后来者，继起志勿灰。”表达了他的惋惜与变革志向。

1901 年，邹容的父亲把他送进了专门学习儒学经典的重庆经学书院。邹容在书院里却大胆抨击儒学，不久便被开除。这年夏天，他到成都参加官费留学日本的考试，被录取。临行前，当局以其平时思想激进，取消了他官费留学日本的资格。1902 年春，他冲破重重阻力，自费东渡日本，进入东京同文书院补习日语，大量接触西方资产阶级民主思想与文化，经常阅读卢梭的《民约论》、孟德斯鸠的《万法精理》和《法国革命史》《美国独立檄文》等书。他的革命倾向日趋显露，并结识了一些革命志士，积极参加留日学生的爱国活动。第二年春节，在东京留日学生会馆举行的有一千多人参加的团拜大会上，邹容坚定走上讲台，慷慨陈词，激动地提出了推翻清政府以挽救民族危亡的正义主张。此后，他刚毅勇为，常争先讲演，陈述己见，为切齿于满清统治的暗弱腐败，向往中华民族的新生崛起。其辞犀利悲壮，鲜与伦比，为公认的革命分子。

邹容留日期间，清政府派到东京的南洋学生监督姚文甫破坏学生运动，迫害留日学生。3 月底的一天晚上，邹容和几位同学将姚文甫的长辫子剪掉了。当时留辫是清朝专制统治的象征。姚文甫被剪辫示众的消息震动了东京，迅速传到国内。邹容被迫在 1903 年 4 月横渡东海，回到阔别了一年多的祖国。邹容寄居于上海爱国学社，与革命家章炳麟等人经常会晤，畅谈国家大事，建立了深厚的革命友谊。不久，上海爱国人士在张园召开“拒俄大会”。邹容在会上发表了振奋人心的演说。他还报名参加拒俄义勇队，发起组织中国学生同盟会。

就在这紧张、激烈的战斗环境里，邹容完成了《革命军》的写作。这本书署名为“革命军中马前卒”，约两万多字，分为七章。邹容以西方资产阶级革命时期提出的“天赋人权”“自由、平等、博爱”为指导思想，阐述了反对封建专制、进行资产阶级民主革命的必要性，指出了“革命”乃对上下古今、宗教、道德、政治、学术，以及日常事物存善去恶、存美去丑、存良善而除腐败的过程，故赞美曰：“巍巍哉！革命也。皇皇哉！革命也。”他还从对满清王朝官制的腐败、刑审、官吏的贪酷，对知识分子、对农民、对海外华工、对商人、对士兵的政策及对外的一系列政策加以阐述，揭露了满清政府对国人的压迫和屠戮，分析了革命爆发的必然性。明确宣布革命独立之大义在于：“永脱满洲之羁绊，尽复所失之权利，而介于地球强国之间”“全我天赋平等自由之位置”“保我独立之大权”，即推翻满清封建专制王朝，建立“中华共和国”！章炳麟主动为《革命军》写了一篇序言，称赞它是“雷霆之声”。1903 年 5 月，《革命军》在上海出版。此后短短的几年就重印了二十多次，销售一万多册，居清朝末年革命书刊销售的第一位。

1903 年 6 月，因《苏报》宣传《革命军》，被相互勾结的中外反动派查封，清廷肆意制造了震惊中外的“苏报案”。江苏候补道俞明震赴上海查办革命党，章炳麟等人被捕入租界狱。邹容奋起投狱，与章炳麟共患难。被判刑两年，罚做苦工。因洋人待“犯人”甚虐，麦饭粗劣，邹容被折磨致病，于 1905 年 4 月 3 日卒于狱中，年仅 20 岁。上海义士刘三收其遗体安葬在上海华泾乡野。

辛亥革命胜利后，孙中山领导的中华民国南京临时政府，为表彰邹容的革命业绩，追授他“大将军”的军衔。生时“马前卒”，死后“大将军”，生动地记录了这位青年革命家短暂的一生和他在中国近代资产阶级革命史上的特殊功勋。

编者

邹容短暂的一生，是以推翻满清王朝、革新中华为己任的一生，是为祖国为民族自由而战斗的一生。他的革命精神，一直鼓舞着一代又一代的革命者。

知识链接

国民教育之第一教科书

1903年5月，《革命军》由上海的大同书局印行。《革命军》的作者邹容，当时署名为“革命军中马前卒”。写作此书时，邹容年仅19岁。章太炎的名著——《驳康有为论革命书》同时出版，以后曾合在一起刊行，称《章邹合刊》。这两篇名著，是当时宣传辛亥革命最有力的姐妹篇。

《革命军》是中国近代思想史上第一部系统、旗帜鲜明地宣传资产阶级民主共和国思想的名著。全书2万多字，共分七章叙述：一、绪论；二、革命之原因；三、革命之教育；四、革命必剖清人种；五、革命必先去奴隶之根性；六、革命独立之大义；七、结论。

上海的革命刊物《苏报》，刊登了邹容写的《〈革命军〉自序》和评论《革命军》的文章，这一来，人们争相阅读《革命军》，交口赞誉它应成为“国民教育之第一教科书”。《革命军》以高昂的革命激情，把长期蕴蓄在人民群众心中的阶级仇、民族恨，无所顾忌地呼喊出来，它旗帜鲜明、大胆泼辣地“劝动天下造反”，犹如一声春雷，炸开了万马齐喑的中国大地，受到广泛的欢迎。

《革命军》充满着炽烈的革命热情，气势磅礴，振聋发聩，犹如一声震撼大地的惊雷，把皇冠震落于地。它的巨大作用和影响，正如鲁迅所评价的：“便是悲壮淋漓的诗文，也不过是纸片上的东西，于后来的武昌起义怕没有什么大关系。倘说影响，则别的千言万语，大概都抵不过浅近直截的‘革命军马前卒邹容所作的《革命军》。”

鉴湖女侠

——秋瑾的故事

秋瑾（1875—1907 年）中国民主革命烈士。字璿卿，号竞雄，别署鉴湖女侠，浙江山阴（今绍兴）人。1907 年 7 月 15 日就义于绍兴轩亭口。

秋瑾原籍浙江绍兴，她的祖父和父亲在厦门做官时，曾将全家迁居厦门。1879 年，秋瑾就出生在厦门。秋瑾从小聪明伶俐，7 岁时，从书房里传出哥哥们朗朗的读书声，深深地吸引了她。教书先生看到她好奇和求知的眼神，也教她识字，谁知秋瑾一学就会。于是，他就到书房跟哥哥们一起学习。秋瑾早年学习经史、诗词，善骑射。她蔑视封建礼法，提倡男女平等，常以花木兰、秦良玉自喻。秋瑾性情豪爽，习文练武，喜欢穿男装。1896 年，秋瑾依父母之命嫁给了大官僚财主的儿子王廷钧。

1900 年王廷钧纳资捐得户部主事，秋瑾随丈夫王廷钧去北京居住。不久八国联军入侵，她目睹民族危机的深重和清政府的腐败，决心献身救国事业。秋瑾决定到日本去探索救国真理。王廷钧是个趋炎附势的纨绔子弟，本来对秋瑾的言行不满，一听秋瑾要到日本去，更是火冒三丈，坚决反对。他竟用卑劣的手段，窃取秋瑾积蓄的金银首饰和银元，以达到阻止秋瑾赴日本的目的。王廷钧的做法更坚定了秋瑾离家出走的决心。她变卖自己佩戴的首饰，将两个孩子寄养在绍兴娘家，于1904年毅然冲破封建家庭的束缚，自费东渡日本留学。

秋瑾在日期间，积极参加留日学生的革命活动，与陈撷芬发起共爱会，和刘道一等组织十人会，创办《白话报》，参加洪门天地会，受封为“白纸扇”（军师）。她还结识了和蔡元培一起发起光复会的陶成章，以及当时在日本留学的鲁迅。秋瑾在进行革命活动的同时，还广施侠义之财。1905年初，她慷慨解囊，资助长沙起义失败后来到东京的同志，以致经济拮据，随即回国筹措学费。

回国后，她首先到上海爱国女校访问了光复会会长蔡元培，尔后到绍兴热诚小学会见了徐锡麟，并经徐锡麟的介绍加入了光复会。1905年春，秋瑾重返日本，考入“青山女子实践学校”学习。同年8月，孙中山由欧洲到日本，组建同盟会。经黄兴介绍，秋瑾与孙中山见面。倾谈之后，她对孙中山的革命主张大为叹服，并立即加入同盟会，还被推选为同盟会浙江分会的会长。从此之后，她在日本各地奔走联络，发表演说，宣传革命。

1906年初，因抗议日本政府颁布取缔中国留学生规则，秋瑾愤而回国。经过几年的革命锻炼，秋瑾成长为一位坚强的女革命家。回国之后，秋瑾初期住在上海虹口路厚德里。她在寓所里建立革命据点，广泛联络革命同志。在这里，她创办了中国妇女的第一份报纸——《中国女报》，揭露社会的黑暗，讲述妇女的痛苦，鼓吹妇女解放，宣传男女平等，起到了巨大的启蒙作用。同时，她还积极准备进行武装斗争，经常和同盟会会员在寓所里研究、试制炸药。

随着革命形势迅速发展，秋瑾决定组织革命武装，策划武装起义。1907 年春天，秋瑾离开上海回到故乡，前往浙江湖州南浔镇浔溪女校任教，发展该校主持教务的徐自华及学生徐双韵等加入同盟会。暑假秋瑾离职赴沪，与尹锐志、陈伯平等以“锐进学社”为名，联系敖嘉熊、吕熊祥等长江一带会党，准备起义。萍浏醴起义发生后，她与同盟会会员杨卓林、胡瑛、宁调元等谋在长江流域各省响应，并担任浙江方面的发动工作。到杭州后，秋瑾与将去安徽的徐锡麟约定，在皖、浙两省同时发动。此时她在杭州新军中又发展了吕公望、朱瑞等多人参加同盟会与光复会。不久，萍浏醴起义失败，接应起义事遂告停顿。

不久，秋瑾因母丧回绍兴，又先后到诸暨、义乌、金华、兰溪等地联络会党。这时大通学堂无人负责，乃应邀以董事名义主持校务。遂以学堂为据点，继续派人到浙江各处联络会党，自己则往来杭、沪间，运动军学两界，准备起义。她秘密编制了光复军制，并起草了檄文、告示，商定先由金华起义，处州（今丽水）响应，诱清军离杭州出攻，然后由绍兴渡江袭击杭州，如不克，则回绍兴，再经金华、处州入江西、安徽，同徐锡麟呼应。原定 1907 年 7 月 6 日起义，后改为 19 日。

7 月 6 日，徐锡麟在安庆起义失败，其弟徐伟的供词中牵连秋瑾。7 月 10 日，秋瑾已知徐失败的消息，但拒绝了要她离开绍兴的一切劝告，表示“革命要流血才会成功”，她遣散众人，毅然留守大通学堂。安庆起义的失败，给整个行动计划带来严重困难，形势十分危急。

7 月 13 日，革命党人王金发秘密来到绍兴，会见秋瑾。这时敌人已从杭州派兵前来绍兴。王金发力劝秋瑾立即撤向安全地带。他恳切地说：“留得青山在，不怕没柴烧。”秋瑾对战友的劝告非常感激，但她不肯只身出走。她将重要文件交与王金发，毅然说："我决定留在这里和敌人拼一下。革命是要流血的。没有鲜血，挽救不了民族危亡。""希望你再接再厉，重新组织已失散的同志，再努力干下去吧。"并随即将一部分学生疏散。这天下午，杭州的清兵果然赶到，团团包围了大通学堂。秋瑾和其他六人不幸被捕。她坚不吐供，仅书"秋风秋雨愁煞人"以对。

面对威武不屈的英雄，敌人无计可施，只得伪造供词，捏造罪名，强按指印，草草定案。清政府害怕光复军前来劫狱，下令于7月15日在绍兴轩亭口杀害秋瑾。当敌人宣布将她就地处决时，秋瑾视死如归，昂首大笑，声震寰宇。她的英勇就义，赢得了人们崇高的敬意。孙中山先生亲书"巾帼英雄"予以赞扬；周恩来同志1939年以"勿忘鉴湖女侠之遗风，望为我越东女儿争光"的题词鼓励其表妹和中国人民的抗日斗志。

编者

百年前的旧中国，封建礼教思想的束缚是那样顽固。秋瑾作为一个女子，敢于如此冲破思想牢笼，打碎封建精神枷锁，坚持男女平等。这种敢于把自己从旧思想、旧习惯中解脱出来，是一种大胆个性的思想解放运动。今天，我们同样仍需不断解放思想。因此，我们要学习秋瑾，弘扬以改革创新为核心的时代精神。

知识链接

秋瑾为何自称"鉴湖女侠"

关于秋瑾自称"鉴湖女侠"的说法比较多，但是常见的说法是：秋瑾的家乡（山阴）有个鉴湖，于是秋瑾就以此为号。至于女侠，含义自然是立志当个除暴安良、卫国救世的巾帼英雄。秋瑾最早自称“鉴湖女侠”，是在她与丈夫闹矛盾的1903年。那年，她在北京给上海的一位叫“琴文”的女士写了一封信，署名就是“鉴湖女侠”。秋瑾自称“鉴湖女侠”，当然还要联系当时的诸多因素，例如清政府的腐败，卖国苟安，丈夫的无志等。

为国献身
——徐锡麟的故事

徐锡麟（1873—1907 年），字伯荪，浙江绍兴人。杰出的资产阶级民主革命家。

徐锡麟 1873 年出生于浙江绍兴东浦村一个商人家庭，父亲徐凤鸣思想顽固保守，在绍兴经营两家店铺。徐锡麟秉性刚毅倔强，性慈爱人，聪明好学，尤喜天文、数学，更重武术。徐锡麟学习兴趣广泛，同情劳苦大众的疾苦。他与邻居农民孩子为友，和睦相处，共同游戏，勇敢机智。徐锡麟 12 岁的时候，由于不满父亲的经常毒打，独自跑到钱塘当了和尚。后来被家里找回，才上学读书。

徐锡麟小时候就很爱读《越绝书》《吴越春秋》《左传》《史记》《三国志》等书，也爱摘录人物传记的材料。他十分敬仰古代历史上兴国安邦的英雄豪杰。他时时以历史上的杰出人物为榜样，鞭策自己。

1901 年，绍兴府学堂成立，徐锡麟被绍兴知府熊起蟠聘为绍兴府学堂教师。任教不久，就声誉鹊起，升任学堂副监督。

1903 年，徐锡麟应乡试名列副贡（举人的备取生）。同年，他借机东游日本，参观大阪博览会。适逢东京留学生抗俄侵占东三省，浙江同学会讨论营救因反清入狱的章炳麟。留学生炽烈的爱国激情，深深感染着徐锡麟。他当即参加了这些爱国活动，捐款资助。同时在东京结识了陶成章、龚宝铨等革命者，此时他对科举仕进完全失去兴趣，产生了强烈的反满清、御外侮的思想。回到家乡东浦后，他就创办了初级小学。又在绍兴创办书局，传播新译书报，宣传反清思想。

1904年，徐锡麟到上海爱国女校拜访蔡元培，经陶成章介绍加入光复会，和一些革命者共同讨论推翻清王朝的革命策略。他知陶成章与浙江会党有密切的关系，非常高兴，立即在诸暨、嵊县（今嵊州市）、东阳和义乌间活动。他常常白天步行一百多里，夜间在丛林里住宿，经过一个多月的联络，结交了一些称为“奇才力士”的会党成员。

年初，宁波天主教法人赵保禄以银币500元向清政府强买绍兴大善寺，拟建造天主教堂，徐锡麟带病到大善寺，身裹棉被登台说：“教会势力掌握在外国侵略者手里，是一帖毒药，是一把杀人的刀，他们以护教为名，占广州，割九龙，租威海，据旅大。教会势力日盛一日，中国土地日少一日，长此下去，后果不堪设想。”又发动绍兴各商号联名上书官府，转递请政府外务部。清政府无奈只好宣布取消大善寺出卖契约。

徐锡麟感到，革命迫切需要一批体格健壮、熟谙军事的勇士。1905年，徐锡麟便在绍兴创立体育会，招各校青年数百人，学习射击。女革命家秋瑾也参加过学习。9月，他说动省学务处要员：“要使国家强盛，就要实行征兵制。我这个大通学堂，设有体操专修科，学生毕业后，可以分发各方创办团练。这样，征兵就有了基础。”创办绍兴大通学堂，徐锡麟为监督，黄怡为校长。光复会主张以暗杀、暴动为手段推翻清朝。陶成章、徐锡麟等招收来自金华、处州、绍兴各府的会党成员，对他们进行短期的反满教育和军事训练，为日后骨干用。大通学堂规约是：“凡本学堂卒业者，即受本学校办事人之节制；本学校学生，咸为光复会会友”。学校大厅悬一联：“十年教训，君于成军，溯数千年祖雨宗风，再造英雄于越地”；下联云：“九世复仇，春秋之义，愿尔多士修鳞养爪，毋忘寇盗满中原”。大通学堂既是培养、聚集力量的学校，又是光复会的重要秘密联络机关。同时他得富绅许仲卿资助，在上海购的枪五十支，子弹二万发，分运到绍兴，作武装起义用。这年，徐锡麟介绍秋瑾加入了光复会。

这时，陶成章建议革命党人花钱捐官，学习陆军，逐步掌握军权，进行“中央革命”。徐锡麟十分赞同，并且设法得到富商许仲卿的资助和他表叔原湖南巡抚俞廉三的推荐，花了三千两银子，被保送去日本学习陆军。1905 年冬天，徐锡麟偕妻子和陈伯平、马宗汉等十三人赴日本学习军事。在日本负责留学生事务的清官员王克敏，觉察到徐锡麟、陶成章等人有反心，千方百计阻挠他们入学。徐锡麟等在日本忙了一阵，终未能进入任何军事学校。逗留了几个月，不能如愿，只好回国。

1906 年春，徐锡麟北上京都，出山海关，周游了辽宁、吉林一带。这年冬天，他花钱捐了个道员，分发到安庆。他将大通学校委托秋瑾主持。徐锡麟去安庆前，在杭州西白云庵与秋瑾会面，筹划安徽、浙江两省同时起义。以安庆为重点，绍兴为中枢，金华、处州等地同时发动。先占两省重镇，后会兵攻取南京。徐锡麟负责安徽方面，秋瑾负责浙江方面。临别前徐锡麟慷慨表示：“法国革命八十年战成，其间不知流过多少热血，我国在初创的革命阶段，亦当不惜流血以灌溉革命的花实。我这次到安徽去，就是预备流血的，诸位切不可引以为惨而存退缩的念头才好。”他那种坚定的献身精神使人感动。

经表叔俞廉三推荐，徐锡麟 9 月抵达安庆（当时的安徽省会）会见安徽巡抚恩铭。由于办事干练，又有表叔推荐，徐锡麟被重用，先任武备学校副总办、继任警察处会办。1907年，徐锡麟升任巡警学堂堂长、陆军小学（即武备学校）监督。同年4月清明之日，光复会浙、皖两首领在绍兴大禹陵秘密集会，会上决定建立光复军，推徐锡麟为首领，秋瑾为协领。会上确定当年的7月8日，乘安庆巡警学堂学生毕业典礼的时机，由徐锡麟率领光复军占领安庆。秋瑾同时率光复军攻占杭州，然后两军会攻南京。会上众人喝鸡血酒盟誓："为光复中华，揭竿起义，不怕牺牲，如有背叛，天地不容。"光复军把所属党众编为16级，以"黄祸源溯浙江潮，为我中原汉族豪。不使满胡留片甲，轩辕依旧是天骄"的诗句，从"黄"到"使"16字，代表16个等级，"黄"字为首领，代表徐锡麟，"祸"字为协领，代表秋瑾……

由于上海光复会叶仰高在南京向清政府供出了党人名单，徐锡麟不得不匆匆忙忙把起义提前到7月6日，这个决定没有通知秋瑾和其他参与此事的任何人。7月6日清晨，徐锡麟全身戎装，集合300多名学生，发表了简短演说："我此次来安庆，专为救国，并非为功名富贵到此，诸位也总不要忘了救国二字，行止坐卧，皆不可忘；如忘救国二字，便不成人格……我自到校以来，为日未久，与诸君相处，感情可谓和洽，我于救国二字，不敢自处于安全之地位，故有特别意见，再有特别办法，准备从今天开始实行；诸君当谅解我的用心，也务必请诸君帮助、辅佐，量力而行，这是我之所以仰望于诸君的。"

上午9时，安徽巡抚恩铭和布政使、按察使以下各司官员按时进入第三进礼堂。徐锡麟立于阶上，马宗汉、陈伯平分立堂前两侧，把守左右甬道口。就当兵生兵要向安徽巡抚恩铭行礼时，徐锡麟抢上前向恩铭呈上花名册，大声说："回大帅，今日有革命党起事。"安徽巡抚恩铭正惊愕之际，听到行动信号陈伯平上前向恩铭投出一炸弹，未爆炸。徐锡麟即从靴统里拔出两支手枪，射向恩铭，因为是近视，恐不中，所以连连发射。恩铭身中七弹，当晚不治身亡。徐锡麟、马宗汉、陈伯平等人很快占领军械所，从会场逃走的清藩司冯煦、臬司毓朗立即组织了军队，将他们团团包围在军械所内；时陈伯平把大炮架在军械所后厅，取一枚炮弹装进炮膛，对徐锡麟说："现在形势危急，用炮弹把抚台衙门炸掉，摧毁敌人机关，然后轰击北门城楼，打开城墙缺口。"徐锡麟知抚台衙门一带民房稠密，则说："这样做与革命宗旨不符。我们即能成功，老百姓必然糜烂不堪。"坚决不让开炮。四小时后，清兵以伤亡100多人的代价，攻占了军械所，陈伯平战死，徐锡麟、马宗汉被捕。

安庆起义撼动了清王朝。从巡警学堂侥幸逃出的清藩司冯煦、臬司毓朗等官员连夜对徐锡麟进行酷刑审讯。毓朗神气活现，喝令徐锡麟跪下。徐锡麟傲然挺立，轻蔑地说："你还在洋洋得意，若慢走一步，即被击毙！"冯煦劈头问徐锡麟："恩抚待你不错，你为什么要杀他？"徐锡麟严正地回答："恩铭待我好是私情，我杀恩铭是为公。"继而徐锡麟反问："恩铭如何？"毓朗抢道："大人只受了点儿轻伤，经医师诊治，已经痊愈，明天就亲自来审你了！"徐锡麟闻言色变，有点泄气，低头不语。不料毓朗又补了句："尔知罪否？明日当剖尔心肝矣！"徐锡麟顿时领悟，仰天大笑说："然则恩铭死矣！恩铭死，我志偿！我志既偿，即碎我身为千万片，亦所不惜。区区心肝，何屑顾及！"徐锡麟指着毓朗，厉声说："便宜尔，被尔逃脱。"毓朗大惊失色，几乎当场晕倒。冯煦问同党，徐锡麟断然应答："革命党人多得很，惟安庆是我一人。"令徐锡麟写口供，他执笔写下了这最后的文字："为排满事，蓄志十几年。多方筹划，为我汉人复仇，故杀死满人恩铭后，欲杀端方、铁良、良弼等满贼，别无他故，灭尽满人为宗。”落款“光汉子徐锡麟。”并声明：“我与孙文宗旨不合，他也不配使我行刺。”

审讯完，清吏给徐锡麟拍了一张照片。徐锡麟见状，说：“慢，脸上没有笑容，怎么留给后代？再拍一张。”清两江总督端方“恐有余党劫犯”，致电冯煦立即处死徐锡麟，剜心祭恩铭。冯煦当厅向徐锡麟宣告死刑的判决，徐锡麟听了哈哈大笑，说：“功名富贵，非所快意，今日得此，死且不悔矣！”“我为重建中国，早置生死于度外，区区心肝，何屑顾得。要杀，要剐，请便。”态度极其从容镇定。

冯煦在执行前，再次劝说徐：“徐锡麟，你只要交出光复会名单，可免你一死。”徐锡麟大笑：“可笑大人有眼无珠。告诉你，革命党人遍及中华，我四万万同胞必能振兴中华，图共和之幸福。”当晚，在安庆抚院东辕门外刑场，徐锡麟神色自如地说：“功名富贵，非所快意，今日得此，死且不恨！”34 岁的徐锡麟无所畏惧地倒在敌人屠刀下。他的心被清廷官吏挖了出来，祭祀恩铭；他的肝，被恩铭卫队掏去炒食下酒；最后斩首悬之，残酷至极闻所未闻也！革命与反动，正义与邪恶，文明与野蛮，竟如此尖锐地并列人们眼前！徐锡麟的一腔热血喷洒在祖国辽阔的土地上，滋润着振兴中华的革命之花。

在安庆市最为繁华的人民路旁，现存徐锡麟纪念雕像，永远被后人纪念。

编者

1907 年，由徐锡麟、秋瑾领导的“皖浙起义”，作为近代东南人民向满清王朝发出的致命一枪，是辛亥革命时期最壮烈、影响最大的起义之一。起义不但在江南地区重创满清的统治，还哺育了东南各省人民的反清意志和革命运动。徐锡麟的壮举和惨死，更大大激励了人们推翻清朝的斗志。徐锡麟为后世留下了振兴中华而浴血赴义的光辉典范。

知识链接

大通学堂

大通学堂位于绍兴胜利西路563号，古越藏书楼西约一百多米。全称大通师范学堂，原为贡院，清代改为豫仓，清末是著名革命团体光复会在浙江的活动大本营，活动基地。学堂原有50多间房屋，坐北朝南的平房建筑，占地3098平方米，建筑面积1754平方米。整体布局分三进，第一进为门厅，正中悬挂的“大通学堂”匾额系赵朴初先生题写。第二进为礼堂，现为光复会史迹陈列室。第三进在1982年正式对外开放时被辟为徐社，介绍徐锡麟的生平事迹。东侧第一进西首第一间，原是秋瑾工作室和被捕处。

牺牲一身

——熊成基的故事

熊成基（1887—1910年），一名熊承基，字味根，曾用名张建勋、龙潜等，江苏甘泉（今江苏扬州）人。近代资产阶级革命家、民主革命烈士。

熊成基出生在官宦世家，祖父、父亲和哥哥都是朝廷命官。父亲希望熊成基苦读诗书，考个功名，光宗耀祖。熊成基幼年入私塾，稍长曾学医，以后立志学军事，他曾说“大丈夫不能为国家出力是很可耻的，于今国势衰弱，受到列强欺侮，只有从军学武才能强国雪耻”。

1902年，熊成基考入安徽武备练军学堂。他如饥似渴地苦读兵书，钻研韬略，刻苦练武，结交志士，以酬壮志。熊成基终于如愿以偿，加入了新军，任三十三标二营副目。这期间，他与孙中山、黄兴领导的同盟会会员赵声、柏文蔚结为好友。不久他又被送到新军速成学堂炮兵科学习。毕业后分配在新军第九镇任炮兵排长，后调任安徽新军混成协马营和炮兵队官。熊成基在武备学堂学习的时候，结识了一些革命志士，如同学柏文蔚、郑芳荪等，陆军常备营范传甲、张劲夫等，共同组织了一个秘密革命团体，名为“岳王会”，与芜湖、南京的“岳王会”互通声气，从事军运，在新军士兵和各军事学堂中散发《猛回头》《警世钟》

等革命读物，并利用各种机会，不断鼓动兴汉排满，新军中多数下级官佐和士兵都受了他们的影响，倾向革命。

1906年秋，19岁的熊成基放下读厌了的“诗云子曰”，来到离家不远的史可法祀祠游览。他向看祠的老人借到一本《扬州十日记》，坐在史可法墓前的石阶上仔细阅读。书中记述了史可法壮烈牺牲后，清兵入城，屠城十天，尸横街巷，血流成河，数十万扬城百姓，惨死在清兵屠刀之下。读着、读着，他泣不成声，忽地一跃而起，大呼：“好男儿就要做史可法这样的爱国英雄！我要为千千万万的冤魂报仇!”

1907年，徐锡麟在安庆起义，枪杀安徽抚台恩铭，事前与新军中革命党人本有联系，因为临时改期，新军来不及响应，以致失败。熊成基与范传甲等非常愤慨，决心要继承死难烈士遗志，在安庆再次起义。这时革命党人倪映典正从南京调来安庆担任马营管带，由于他掌握了一个营兵力，并在群众中有较高的声望，大家就公推他为首领，策划于是年阴历除夕发难，占领安庆。不料事机不密，为安徽抚台朱家宝所得知，倪映典以嫌疑被撤职，起义计划没有实现。

1908年秋，清政府下令南洋各镇新军于十月间在安徽太湖举行会操，预定两江总督端方为检阅大臣，朱家宝亦率领安徽新军三十一混成协前往参加。安庆新军中的革命党人得知这一情况后，遂集议于三祖寺杨氏试馆，决定在太湖秋操时，发动起义。当即推定熊成基为总指挥，又推六十一标三营管带指挥全协，六十二标二营管带薛哲为副指挥，工程营以范传甲任指挥，炮营则由熊成基负责。他们议定在太湖起义后，即将端方、朱家宝等拘禁起来，然后全军攻打安庆，夺取火药库，再进兵皖北各县，与当地的革命党人配合，这样便有较大的力量直捣清廷巢穴北京。他们事先对太湖秋操的军队也作了估计，认为人数虽有数万，但大都有枪无弹，只要革命党人枪声一响，就会纷纷归顺。因此，他们一方面派范传甲往南京，与第九镇官兵预先联络；一方面指定人员与参加会操的新军中革命党人取得联系，策动起义。但是，这时安庆新军不稳的情况，清政府陆军部已有所闻，遂电知皖抚说，新军三十一混成协新近成立，训练没有纯熟，不必开赴太湖会操，并一律禁发枪械。这样，安庆新军中的革命党人就未能前去太湖，秋操起义的计划，也就被破坏了。

但革命党人起义决心并未消失，立即改变计划，以熊成基等所掌握的马炮营为主力，在安庆首先发难，攻下安庆后，再协助在太湖的同志策动参加会操的新军响应。正当此时，清光绪帝和慈禧太后先后病死，人心惶惶。熊成基、范传甲等认为时机很好，分头与新军中的同志联系，告以起义打算，大家都表示赞成。于是就于10月26日邀集起义部队代表在杨氏试馆举行会议，制订起义计划。参加这次会议的有熊成基、范传甲、张劲夫、薛哲、薛子祥、田激扬、廖盘贞、洪承点、程芝萱、李朝栋等十余人，会上公推熊成基为起义军总司令，并决定于当日晚间由马炮营千余人在城外起事，薛哲等在城内率队接应。熊成基根据会上决议，发布了作战密令13条。散会后，大家即分别回营，按照计划进行布置。

晚上9时，驻在玉虹门外和北门外的马营举火为号，同时发动。马营的革命党人张烈、田激扬、周正峰等将马营管带李玉春包围于楼上，劝其投降，李不从，张烈等冲到楼上，用马刀砍去，李因善于拳术，虽然受伤，仍在张烈的刀下越窗逃走。张烈等遂率领马营全体人马离营，开往城北。与此同时，炮营在熊成基的直接发动下，正目张鸿尧、士兵黄节等，用炮闩击毙管带陈昌镛，也率领全营官兵开赴城北。马营和炮营会师后，即驰赴菱湖嘴（离北门五里）子弹库。守库正目范传国系范传甲的胞弟，见起义军来到，开门迎入。起义军取得子弹后，遂折回北门，放火烧了北门外测绘学堂的步兵营房，该营士兵平时已接受了革命宣传，也就参加了起义军的行列。

但后来城内接应失败，城外起义军虽奋勇攻城，终以弹药不足，炮弹又无引火线，不能充分发挥战斗力，屡次猛扑，均被击退。碇泊江心的清军兵舰又发炮轰击，起义军阵地被摧毁，伤亡很重，并且朱家宝所调援军已迫城郊，起义军内外受敌，难以支持，迫不得已，于次日下午10时分兵两路，突围出走。一路由熊成基率领，经集贤关向北，准备进抵合肥一带，联合淮颍之间同志，再图大举。途中他们与清军姜桂题所部打了几仗，部队颇有死伤，冲到合肥城时，检点人数已不足100人。这时，起义军中不断出现叛徒，难以维持，熊成基乃潜离队伍，辗转逃往日本。他走后，部队也就自行解散了。另一路由程芝萱率领，也是由安庆直奔合肥，与清军江防营混战，结果所剩不足40人，几天后也星散了。

1909年初，在日本东京由革命党人肖翼锟介绍，熊成基加入中国同盟会。2月，他由日本返回东北，只身至长春，投蒋大同。蒋大同乃召商震、徐干、徐竹平等密会于长春，商定进行方略。3月，他又赴日本，结识了同盟会会员孙元，探悉日本参谋部有所谓军事计划秘密书，“颇于辽沈战局有关，若取而售诸俄人，大可得重资以供党用，遂多方戈获卒所愿。”当即担负起售书筹款的任务。同年10月中旬，熊成基化装返回长春，寓于藏冠三家。10月底，为售书抵哈尔滨，临行前答应，如售其成功，将以赠款相谢，抵哈后住宾如栈。期间孙元、商震等到哈尔滨与他密谋在蜂蜜山从事开垦，以便存粮购械，并联络新旧革命党人和马胡子伺机起义。

1910年回国，熊成基又往东北进行革命活动。1910年1月，清廷海军大臣载洵和萨锁冰由俄西伯利亚铁路取道回国，途径哈尔滨，当时闻说，“熊要谋刺载洵”。吉林巡抚陈昭常惊慌万状，张贴重赏的告示，搜查熊成基等革命党人，奸商藏冠三乘机告密，1 月 29 日中午 11 时，清兵包围宾如栈，熊成基被捕。1 月 30 日，由哈尔滨押解至吉林，启程时观者如堵，熊成基笑着说：“诸君为国珍重，我虽死如生，愿以一腔热血，灌自由之花”，“我愿继我而起者，大有人也。”闻者莫不感泣。2 月 27 日于吉林巴尔虎门外就义，时年 23 岁。

“步徐公（锡麟）之后尘，启武昌（辛亥革命）之先声”的熊成基就义一年后，辛亥革命爆发，满清政府终于被推翻了。中华民国政府成立后，临时大总统孙中山和黄兴参加了熊成基等革命烈士的追悼会。国民政府发布命令：熊成基缔造共和，捐躯殉国，依陆军上将例追恤，以示优异而慰英灵。

编者

熊成基是清朝新军内部打响第一枪的功臣，是缔造共和的先驱。熊成基为了革命义无反顾、甘洒热血的爱国精神值得我们永远继承和发扬。

知识链接

皖江九烈士墓碑

1907 年、1908 年皖省连续两次举义，清政府受到很大震动，这时就指使皖省疆吏进行了大搜捕、大屠杀，革命党人范传甲、张劲夫、田激扬、李朝栋、周正峰、胡文彬、张星五、张志功、刘志贤、易桂安等均遭杀戮；临阵畏缩、没有参加实际战斗的薛哲，也被枭首示众。此外，被牵连受害的党人、士兵以及进步学生等，全省达 300 人之多。1911 年，辛亥革命爆发，全国光复，皖人搜集范传甲、张劲夫、李朝栋、薛哲、张星五、胡文彬、周正峰、刘志贤等八人遗骸与暗杀出洋考察宪政五大臣的吴越烈士灵柩，回葬于安庆西门外平山头，孙中山先生亲题“皖江九烈士墓碑”，张云屏为作墓表，柏文蔚书石，纪其事。九烈士的英名永垂不朽。

愤然投海

——陈天华的故事

陈天华（1875—1905年），原名显宿，字星台，又字过庭，别号思黄，湖南新化县人。革命家，清末资产阶级革命派出色的宣传家。

陈天华1875年出生在湖南新化一个贫寒的家庭。母亲早逝，父亲是落第秀才，却热心于公益事业，有侠者之风，为乡人所爱戴。陈天华小时候跟随父亲识读，因家境贫寒，经营小买卖以补济生活。陈天华勤奋好学，常向人借阅史籍之类书籍，尤喜读传奇小说，也爱民间说唱弹词，这为他后来成为民主革命宣传家打下了基础。

1895年，陈天华随父迁居县城，仍以提篮叫卖为生。后经族人周济，入资江书院读书，刻苦博览二十四史。书中所记述的有关历代统治者腐败和民族危亡的史实，激起了他对眼前民族命运的深切忧虑。此后不久，他考入提倡新学的新化求实学堂，深受维新思想影响，倡办不缠足会，成为变法运动的拥护者。两年后，考入省城岳麓书院，成绩名列前茅。当时，有个县令赏识陈天华的才华，想把女儿嫁给他，陈天华效法汉时霍去病“匈奴未灭，无以家为”，婉言谢绝了，说：“国不安，吾不娶”。次年转入求实书院。

1903年初，陈天华考入省城师范馆。这年春天，他获官费留学日本东京弘文学院师范科。不久，逢沙俄企图侵占东北三省，引发拒俄运动，祖国正处主权沦丧境况，陈天华破手血书寄示湖南各学堂。湖南巡抚赵尔巽也为之感动，亲临各学堂宣读，并刊登于官报，还饬令各府、州、县开设武备讲习所，使湖南全省拒俄运动士气更加高涨。陈天华在日本积极参与组织拒俄义勇队和军国民教育会。还"日作书报以警世"。同年，先后撰写《猛回头》和《警世钟》两书，以血泪之声，深刻揭露帝国主义列强侵略中国和清廷卖国投降的种种罪行，风行于世，影响很大。

1904 年 2 月，陈天华回到长沙，参与组织华兴会，与黄兴等密谋准备长沙起义，事泄未成，又被迫流亡日本，入东京法政大学。此时，陈天华结识孙中山。1905 年 8 月，中国同盟会在日本东京成立，陈天华为重要发起人之一，在书记部工作，任会章起草员，又任同盟会机关报《民报》编辑。陈天华认为，要实现挽救民族危亡的远大志向，不但要参加群众的革命斗争，而且要运用革命理论作为武器揭露敌人，教育群众。在很短的时间里，他发表《最近政见之评决》《中国革命史论》《狮子吼》等政论作品，引起强烈反响。

同年 11 月，日本文部省颁布歧视并限制中国留学生的《清国留学生取缔规则》，中国留日学生发动了抵制这个规则的强大运动。为了激励人心，陈天华在 12 月 7 日留下《绝命书》万余字，决心以死来激励国人"共讲爱国"。次日在东京大森海湾投海自尽，以死报国，时年 30 岁。

陈天华的死在当时引起了很大的轰动。1906 年春天，当陈天华的灵柩运回上海后，中国公学为他和另一位投黄浦江自尽的同盟会员姚宏业举行了一次公葬的会议，到会千余人，会上宣读了姚宏业的遗书和陈天华的绝命书，大家痛哭流涕，会议决定将陈、姚灵柩一起送回家乡湖南，举行公葬。

次年闰四月初一，其灵柩经黄兴、禹之谟倡议筹办运回长沙，各界不顾官方阻挠，决定公葬于岳麓山。初七（5月29日）举行葬礼。长沙全城各校师生纷纷参加，送葬队伍达数万人，绵延十余里，凄凄哀歌，湘江为之悲鸣，麓山为之低垂。送葬队伍由朱张渡、小西门两处渡河，“适值夏日，学生皆着白色制服，自长沙城中望之，全山为之缟素”。军警站立一旁，也为之感动，不加干涉。

编者

“国家兴亡，匹夫有责”。爱国有各种不同的方式，陈天华不仅用手中的笔为中华民族的独立富强而呐喊，更以投海自杀殉国，他的死是当时中国贫穷落后的状况造成的，是悲壮的、可敬的！陈天华的反帝爱国思想和以身殉国的革命精神激励着千千万万的中华儿女去挽救民族的危亡。

知识链接

陈天华的《猛回头》和《警世钟》

1904年，陈天华用浅显通俗的文字写成《猛回头》《警世钟》两本著作，成为宣传民主革命的锐利武器。其中心内容是指明中国在帝国主义侵略下的危亡局势，唤起人们为改变这种局势而斗争。

《猛回头》揭露了帝国主义侵略罪行及清王朝的走狗本质。书中写道：“这朝廷，原是个，名存实亡。替洋人，做一个，守土官长。压制我，众汉人，拱手降洋。”书中还描述了祖国面临被瓜分的危险，指出帝国主义“把我们18省都划在那各国的势力圈内，丝毫也不准我们自由。”

《警世钟》体现了中国人民顽强不屈的斗争精神。书中写道：

"四万万人都舍得死，各国纵有精兵百万也不足畏了"。陈天华号召各阶层群众一致奋起抗击帝国主义的侵略："洋兵若来，奉劝各人把胆子放大，全不要怕他。读书的放了笔，耕田的放了犁耙，做生意的放了职事，做手艺的放了器具，齐把刀子磨快，子药上足……万众直前，杀那洋鬼子。""这爱国的心，一定就要发达了，这救国的事，一定就要担任了""要想拒洋人，只有讲革命独立，不能讲勤王"。陈天华的文章一字一泪，深刻感人。学生读之"如同着迷"，兵士读之"即奉为至宝"，"散至民间，则用为歌本，遍行歌唱，其效力之大，不可言喻。"

这两部书出版后，成为革命派极为重要的宣传品。产生了强烈的感染和鼓舞力量。许多革命分子将它秘密翻印成千上万册，广为流传。毛泽东少年时代在湖南家乡也曾受过陈天华小册子的影响。

铁血男儿

——林觉民的故事

林觉民（1887—1911 年），字意洞，号抖飞，福建闽县（今闽侯）人。黄花岗七十二烈士之一。

林觉民 1887 年出生在福建闽侯（今福州市）一个知识分子家庭。他的叔父林孝颖（字可珊）是当时福建有名的学者，以诗赋著称。林觉民自幼过继给叔父。他天资聪慧，悟性极高，爱读庄子、屈原的文章。少年时的林觉民十分厌恶科举考试，13 岁时，他从父命，怏怏参加童子试。考场上，待试卷发下，挥笔题下“少年不望万户侯”七个大字，翩然离去。

1902 年，福州创办全闽大学堂。林孝颖深受监督（校长）陈宝琛赏识，被聘为国文教师，15 岁的林觉民因而也进入了这所学校学习文科。当时，正值《辛丑条约》签订后不久，挽救民族危亡之声日益高涨。林觉民曾在锦巷七君庙发表演说，题为《挽救垂亡之中国》，令听者动容。在城南魁埔里（今吉庇路）谢家祠创办阅报所，试图广开民智。在学校领导过数起学堂风潮，以其不畏强暴、敢作敢为的人格和诙谐、善辩的才智赢得同学们的推崇和老师的赏识。

1907 年林觉民东渡日本，自费留学。第一年，专攻日语，几因学费不济而辍学。第二年，补缺为免费生，转入庆应大学学习文科，专攻哲学，兼习英语和德语。学习之余，他积极从事民主革命思想的传播活动。常登台演讲，他的演说“顾盼生姿，指陈透彻，一座为倾”。曾翻译《六国比较宪法论》，撰写《驳康有为物质救国论》《告父老文》等文章，充满了革命救国的激情。他与辛亥革命后被追认为“大将军”的林文及其族弟林尹民合称“三林”。在东京时林觉民追随孙中山先生，加入了中国同盟会。孙中山先生很器重他，每年寒暑假回国，孙先生都派他到福州、闽东一带发展革命组织。黄兴也对林觉民十分赞赏，认为他“眼光远大”“科学程度极其高深”。当时留日学生常常聚在一起，谈到列强环伺，国人涂炭，个个痛哭流涕。林觉民愀然变色地说：“中国危殆至此，男儿死就死了，何必效新亭对泣，凡是有血气的男子，怎么能坐视第二次亡国的惨状呢？”顿时满场震惊。

度过几年难忘的留学生活，为祖国效力的时机终于来到。林觉民这位血气方刚的勇士压抑不住为祖国献身的强烈要求，毅然冲上了民主革命的火线。1910 年 11 月，孙中山召集秘密会议，商议举行广州起义。孙中山将领导这次起义的重任委托给黄兴、赵声等人。鉴于以往失败的历史教训，会议决定这次“以全党之力举事”。经过几个月的周密准备，预定 1911 年 4 月揭竿起事，兵分十路，夺占广州。这就是著名的黄花岗起义。

1911 年春，得知黄兴、赵声等在香港建立统筹部，筹划广州起义，林觉民遂由日本来到香港。同盟会领导人黄兴欣喜万分说：“意洞来，天助我也。”林觉民随即奉命回福建约集同志。起义前三天，为迎接战友，他又赶回香港，当晚与同伴们长谈至深夜，又通宵达旦地写了两封“绝笔书”，以示为革命一往无前的决心。一封信是写给父亲的，他深知自己一死必将“累大人吃苦，弟妹缺衣食”，但为了“大有补于全国同胞”，也就义无反顾了。另一封信是给爱妻的（即传世的《与妻书》），全信血泪凝成，志壮情挚，婉转千余言，将自己对妻儿的深爱和献身报国之激情融为一体，反复抒发了“吾充（扩充）吾爱汝之心，助天下人爱其所爱”和甘愿“牺牲吾身与汝身之福利，为天下人谋永福”的高尚情怀。

清晨，林觉民在赴粤的船上对同志们说：“此举若败，死者必多，定能感动同胞。今日同胞非不知革命为救国唯一之手段”，只是“未能断绝家庭情爱耳。今试以余论，家非有龙钟之老父、庶母、幼弟、少妇、稚儿者耶？顾（却）肯从容就死……木石有知，亦当为我坠泪，汉人耶！……故谓吾辈死而同胞不醒者，吾决不信也……使（假如）我同胞一旦尽奋而起，克服神州，重兴祖国，则吾辈虽死之日，犹生之年也！”这番大义凛然的话，充分表露了英烈为唤醒同胞、推翻帝制、振兴华夏而勇于捐躯的浩然正气！

4月27日（农历三月廿九）下午5时半，起义的螺角齐鸣，在黄兴的率领下，林觉民偕喻培伦、林时爽、方声洞等敢死队战友猛攻两广总督衙门。他冲杀在前，不幸中弹，血流不止，但仍跃起杀敌，终因伤重被捕。清督张鸣岐亲自审讯，林觉民当堂侃侃而谈，纵论天下大事，宣传革命主张。为套取“口供”，清吏送上了笔砚纸张，林觉民挥毫疾书，一气写成数千言的《自供状》，奉劝清吏认清形势，洗心革面，弃暗投明……审毕，张鸣岐私下里对幕僚说：“惜哉！林觉民面貌如玉，肝肠如铁，心地光明如雪，真算得奇男子！”

林觉民在狱中坚持绝食斗争，滴水不进；就义时，神色自若，年仅25岁。林觉民烈士的遗体被安葬于广州城东“黄花岗七十二烈士之墓”。墓门是一座横排三个拱门的高大牌坊，上镌孙中山题写的“浩气长存”四个鎏金大字。

编者

“牺牲吾身与汝身之福利，为天下人谋永福”这种为天下人谋福利的心是何等的广阔。在建设社会主义和谐社会的今天，这种大公无私的精神值得提倡。

知识链接

《与妻书》

《与妻书》是林觉民在1911年广州起义的前三天——4月24日晚，写给妻子陈意映的。当时，他从广州来到香港，迎接从日本归来参加起义的同志，住在临江边的一幢小楼上。夜阑人静时，想到即将到来的残酷而轰轰烈烈、生死难卜的起义以及自己的龙钟老父、弱妻稚子，他思绪翻涌，不能自已，彻夜疾书，分别写下了给父亲和妻子的诀别书，天亮后交给一位朋友，说：“我死，幸为转达。”

写《与妻书》时，林觉民满怀悲壮，已下定慷慨赴死的决心，义无反顾，在信的第一句，他就毅然决然地告诉妻子“吾今以此书与汝永别矣！吾作此书时，尚是世中一人，汝看此书时，吾已成为阴间一鬼。”写信时，他“泪珠与笔墨齐下，不能竟书而欲搁笔”，心中滋味无以言表。为“助天下人爱其所爱”“为天下人谋永福”，他置生死于度外，抛却与爱妻的儿女情长而“勇于就死”，大义凛然、无所畏惧地积极投身到推翻清政府黑暗腐朽统治的武装起义中。

林觉民的遗书《与妻书》，为后世留下了一份值得广为传颂的宝贵精神财富。它是用高尚的爱国主义理想与深挚的革命志士感情交织成的一首不朽史诗，永远闪耀着不灭的战斗光芒。

武昌首义

——蒋翊武的故事

蒋翊武（1885—1913 年），原名伯夔，又名保襄，也作保湘，湖南省澧州（今澧县）蒋家庙人。武昌起义时任湖北革命军临时总指挥，民主革命先驱。

蒋翊武 1885 年出生于湖南澧州一个长工家庭。蒋翊武是家中的长子，父亲为培养他，节衣缩食送他读私塾。蒋翊武从小聪明过人，经过十多年的私塾教育，他熟读诗书，能写一手很好的古文词赋，有希望通过科举考试步入仕途，但他对科举不感兴趣。1903 年，他进入澧州高等小学堂，第二年又以第一名的成绩考入设在常德的湖南西路师范学堂。这时，革命思潮已在湘西北流行，蒋翊武阅读了清政府查禁的《扬州十日记》《嘉定屠城记》《黄帝魂》等书，接受了资产阶级民族主义、民主主义思想，萌生了推翻清朝政府的革命志向。

一次，一个清朝官员来学校训话，告诫学生不可学洪（秀全）杨（秀清），而要学曾（国藩）左（宗棠）。血气方刚的蒋翊武当众站起反驳说："洪杨，民族功臣；曾左，民族罪人！岂有攘斥功臣而效法罪人的？"他的话，使清朝官员张口结舌，却赢得了同学的敬重。这一年，华兴会联合武昌补习所准备发动起义，蒋翊武参加了密谋。但起义事机不密，清政府大肆搜捕革命人士，蒋翊武只好避回老家。

1905 年冬，蒋翊武来到上海，准备去日本留学，由于日本政府歧视中国留学生，留日学生纷纷回国，他只好留在上海。第二年春天，一些归国学生在吴淞办起中国公学，他便进入这所学校。中国公学里革命党人很多，蒋翊武与他们接触频繁，革命思想更加成熟。他和同学们组织了竞业学会，并由刘尧澄介绍加入了中国同盟会。

1909 年秋，刘尧澄去汉口协助詹大悲接办《商务报》，蒋翊武便随刘去了汉口。汉口的革命活动非常活跃，不少革命者潜伏在新军里，成立团体，积蓄力量，使许多官兵接受了革命思想。蒋翊武到汉口时，新军中有一个革命团体叫群治学社，蒋翊武、刘尧澄、詹大悲为加入这个组织，便以访员（记者）身份前往鄂西采访，因为学社负责人杨王鹏等所在的第四十一标正在那里驻防，三人在潜江遇上了学社成员蔡大辅，蔡写信介绍他们回武昌去找留守的负责人李六如。路过天门，蒋翊武决意从军，经人介绍，他进了第四十一标第三营左队。

蒋翊武等加入后不久，群治学社的活动就受到了挫折，1910 年 9 月改组为振武学社，推杨王鹏为社长。但振武学社也为清政府所不容，杨王鹏、李六如等被迫离去，蒋翊武接受了任务。随后，振武学社改名“文学社”，以“联合同志研究文学”为名掩护革命活动。1911 年 3 月 15 日，文学社在武昌小东门内同文学舍召开正式的成立大会，蒋翊武被推为社长，王宪章为副社长，刘尧澄为参谋部长。

文学社成立后，积极扩大组织，开展活动。不久，新军各标营都有了文学社的成员和组织。当时，武汉的新军有一镇、一混成协，一万五千多名兵，文学社成员竟占五分之一以上。在蒋翊武的领导下，文学社形成了一个坚强的革命团体，为反清武装起义聚结了一支人数可观的战斗力量。

1911 年 5 月，清政府宣布将川汉粤铁路收归国有，遭到川、鄂、湘、粤四省人民反对，保路运动迅速兴起。四川的保路运动声势最大，后来直接发展为反清武装起义，揭开了辛亥革命的序幕。1911 年 9 月 24 日，文学社与湖北另一个革命团体共进会的领导骨干在武昌胭脂巷举行联席会议。会上推举共进会领导人刘公任军政府总理，蒋翊武任革命军临时总指挥，共进会另一领导人孙武任参谋长。起义准备工作由这两个团体组成的指挥机关抓紧进行。

蒋翊武没有参加这次联席会议，当时他随所在部队去了岳州（今岳阳），直到决定于 10 月 10 日起义后，指挥机关才派人通知他回武汉主持起义工作。10 月 9 日晨，蒋翊武回到武昌，听取了刘尧澄对起义准备的介绍。刘传达了同盟会军事领导人黄兴的意见，认为湖北应与其他省同时起义，但协调工作尚未完成，因而湖北方面应推迟起义。

这天中午，他们刚吃过午饭，忽然有人跑来报告说："汉口的机关部已暴露了！"原来，孙武等人在汉口宝善里制造起义用的炸弹时，不慎爆炸，孙武被炸伤。爆炸声惊动了汉口租界的俄国巡捕，他们迅速赶来捉人。孙武虽被救出，但起义用的旗帜、名册、印信和各种机密文件被抄走。这一事件暴露了革命党人的起义计划。蒋翊武了解事情真相后，思索着应付办法。这时，快到下午 5 时了，蒋翊武眼见起义将要流产，数千革命同志的生命危在旦夕，便毅然决定当晚举行起义。他当即起草了起义命令，并让人抄写 20 多份，分头送出。起义命令要求革命武装夺取武汉三镇，听到中和门外炮声后，即分头攻占各自目标，楚望台军械库和清督署是攻击重点。

晚上11时，几个人正做着各种准备工作，忽然响起敲门声，有人说："来会你们老爷的。"蒋翊武感到事已暴露，对其他人说："事已至此，不要慌!"抄起一颗炸弹便往楼下冲。刘尧澄手拿两颗炸弹抢在前面，把炸弹扔向破门而入的警察，但炸弹未爆，未能阻止大批警察的涌进。经过一阵搏斗，指挥机关的人大部分被逮捕。蒋翊武对警官说："我是来看热闹的，抓我做甚?"警官见他长袍短褂，拖着长辫，便放松了防范。蒋翊武待警官一走开，便越墙逃离。

蒋翊武认为起义不能发动，决定暂时离开武汉，便乘船离开了武汉。但是，失去指挥的起义士兵当天夜里发动了起义，奋战一夜，终于在第二天占领了武昌。蒋翊武在船上听到起义的消息，便弃船上岸，赶回武汉指挥。

12日清晨到达武汉，他打听到革命党人已推新军协统黎元洪为湖北都督，在谘议局设立了湖北军政府，立即前去共商大计，协同筹划防御清军进攻和推动各地起义响应。他以鄂豫招抚使的名义去汉口策动清军反正。汉口遭清军攻击，他组织督战队赶往前线与清军战斗。后来，汉口、汉阳守军不敌袁世凯北洋军的进攻，战时总司令黄兴辞职，蒋翊武被革命派推出来挽救危局。

11月28日，他任护理总司令官，指挥保卫武昌的战斗。12月6日，因清政府与革命军停战，蒋辞去总司令，仍以招抚使名义驻汉口。1912年2月，革命派与袁世凯和谈成功，蒋改任军务部副部长。

1912年6月，为反对袁世凯独裁专制，维护民主共和，增强革命力量，蒋翊武将文学社并入同盟会。嗣任国民党参议、汉口交通部部长。袁世凯命其为军事顾问，授勋二位、陆军中将加上将衔，他坚辞不受。12月，主办《民心报》，"扬孙黄，抑袁黎"。

1913年7月，蒋翊武回湖南参加二次革命，任鄂豫招抚使，驻防岳阳，欲取荆襄，捣武汉，进窥河南。失败后，遭通缉。8月29日南行至广西全州府兴安县境，为巡防统领秦步衢所捕，械送桂林。黎元洪闻讯，即电袁世凯请予“迅诛”，袁遂命广西都督陆荣廷“就地枪决”。

陈炳焜把袁世凯的电报拿给蒋翊武。第二天，陈炳焜设盛宴款待，酒足饭饱，蒋翊武坐上陈炳焜的官轿。刑场监视员是营部副官黄沛然，监斩员是营部副官陆云高，士兵环立，围观者无数。蒋翊武这时穿着丝绸衫裤，从容端坐于大红毡上，向观众讲革命真理，慷慨激昂，听众动容，有些人为之失声痛哭。执刑士兵凝神静听，迟迟不肯开枪。领头的排长见状，担心事情有变，突然拿出手枪，从背后向蒋翊武开枪，蒋翊武就这样就义了。

临刑前，蒋翊武写了四首绝命诗，其中两首说：“当年豪气今何在？如此江山怒不平！嗟我寂冤终无了，空余虏剑作寒鸣。”“斩断尘根感晚秋，中原无主倍增愁！是谁支得江山住？只余有哀逐水流。”诗里，他对壮志未酬感到惋惜，对政权落在袁世凯手里感到痛心，他无力实现自己的革命目标，全诗蒙上一层感伤色彩。

蒋翊武就义时，年仅28岁。死后，一直受到人民的纪念。1921年孙中山在桂林督师北伐，下令为蒋翊武立纪念碑，亲笔题写了“开国元勋蒋翊武先生就义处”十二个字镌刻于碑上。蒋翊武的遗骸则在1916年护国战争胜利后归葬长沙，高耸于岳麓山腰的汉白玉墓塔，至今仍在不断地向人们讲述英雄的革命业绩。

编者

蒋翊武是武昌首义的主要指挥者。在他的领导下，取得了首义的成功。武昌首义不仅揭开了辛亥革命胜利的序幕，给清朝封建统治以致命的一击，导致中国封建君主专制制度的灭亡，而且还给中华民族留下了一笔宝贵的精神财富。这笔精神财富就是辛亥革命武昌首义的革命精神，简称辛亥首义精神。其主要内容是敢为人先的首创精神、敢于斗争的献身精神、敢于反皇权的民主、平等精神、敢于抓机遇的果断精神、敢于联合各个革命派别的团结奋斗精神。归根结底，它的本质、核心和根源在于中华民族的爱国主义精神。

知识链接

保路运动

保路运动也称“铁路风潮”，1911 年 5 月，清政府借铁路国有之名，将已归民间所有的川汉、粤汉铁路筑路权收归“国有”，马上又出卖给英、法、德、美 4 国银行团，激起湘、鄂、粤、川等省人民的强烈反对，掀起了保路运动。保路运动在四川尤其激烈，各地纷纷组织保路同志会，推举立宪党人蒲殿俊、罗纶为正副会长，以“破约保路”为宗旨，参加者数以万计。清政府下令镇压。9 月 7 日，四川总督赵尔丰逮捕罗纶、蒲殿俊等保路同志会代表，枪杀数百请愿群众。第二天又下令解散各处保路同志会。激起四川人民更大愤怒，将各处电线捣毁，沿途设卡，断绝官府来往文书。并在同盟会龙鸣剑、王天杰等人组织下，掀起武装暴动，把保路运动推向高潮，成为武昌起义的先声。

正视落后、向西方学习的精神

向西方学习是近代中华民族精神的重要内容。为改变积贫积弱、任人宰割的落后面貌，实现求富求强的目标，中国人民开始了从科技到制度、再到思想的全方位学习西方的历史进程。这种精神表现为两个层面，同时也是向西方学习的两个阶段：第一是觉醒意识。鸦片战争是中华民族反帝斗争的第一次悲壮的战争，也是中华民族觉醒意识的开始。第二是追赶意识。觉醒之后的中国人希望能够通过向西方学习，缩短与西方的差距，实现中华民族的复兴。

放眼世界

——魏源的故事

魏源（1794—1857 年），原名远达，字默深，一字墨生，又字汉士，湖南邵阳县隆回人。著名学者、中国近代启蒙思想家。

魏源 1794 年出生于地主官僚家庭，7 岁从塾师刘之纲、魏辅邦读经学史，常苦读至深夜。母亲怜其过勤，每夜定时熄灯让他睡觉休息。魏源则等到父母睡熟，用被子挡住灯光默读。9 岁赴县城应童子试，考官指着画有“太极图”的茶杯提出“杯中含太极”嘱对。魏源摸着怀中两麦饼对曰：“腹内孕乾坤。”考官大为惊异。由于他勤奋好学，刻苦用功，16 岁便考中秀才，在故乡邵阳县就颇有名气。

21 岁的魏源，随父到京，拜刘逢禄为师，学习《公羊春秋》。魏源在京读书期间，结识了进步诗人龚自珍，他们思想一致，共同研究问题。1822 年，魏源考中举人。1826 年受江苏布政使贺长龄之聘，编辑《皇朝经世文编》120 卷；又助江苏巡抚陶澍办漕运、水利诸事。撰《筹漕篇》《筹齿差篇》和《湖广水利论》等。

1829 年，魏源应礼部会试，与龚自珍双双落第，房考刘逢禄作《两生行》哀之，从此“龚魏”齐名。魏源捐内阁中书舍人候补，内阁藏书丰富，乃博览史馆秘阁官书及士大夫私家著述。当时社会动乱加剧，他目睹江华瑶民起义，深感清政权的腐败。1840年爆发了鸦片战争，外国侵略危机使他更加愤激，进一步激发了爱国热情。

1841年2月，魏源经林则徐介绍来到两江总督、钦差大臣裕谦的幕府，协助其抗击英国侵略军。在防守定海的战役中，因建城意见没有被采纳，魏源感到十分委屈，情绪一落千丈。之后，英国从舟山撤军，老友黄冕奉命前往善后时，邀魏源一同前往。在那里，魏源看到英军狡猾无信，清军虚骄自大，朝廷则战和不定，对前线抗敌彻底失去了信心。不久以后，他便怀着十分愤懑的心情离开了浙江。

1841年7月，林则徐被琦善为首的投降派以“误国病民，办理不善”的罪名从广东遣戍新疆伊犁，途经京口（今镇江）时，与魏源不期而遇。旧友重逢，又同是天涯沦落，追昔抚今，不禁百感交集。在长江岸边，他们举杯共饮，对榻长谈，尽情地抒发着内心的积郁和悲愤，通宵达旦。临行前，林则徐将自己组织人力收辑、编译的介绍西方国家地理风土的《四洲志》及派人偷摹的洋船洋炮图交给了魏源，希望他在其基础上加以扩编。魏源欣然接受。之后的一年内，魏源辛勤劳苦，日夜编撰，终于在1842年底完成了《海国图志》50卷的编纂工作。那部书便是以《四洲志》为蓝本的。

林则徐在京口小驻后，又匆匆启程。魏源依依不舍，特赠诗两首，以作纪念。其中一首中的“方术三年艾，河山西戒图”，是林则徐、魏源两个爱国士大夫的共同心声，表达了他们对西北沙俄威胁的忧虑。

鸦片战争期间，魏源满怀爱国激情，希望在前线的抗敌斗争中有所建树。但是清朝军队腐败不堪，帅命非人，将不知战，使他非常失望，激情难胜，又不得用武之地，不能操枪就只好拿笔，继续议论时政，针砭时弊，谋图对前线抗英战事有所裨益。从1840年到1842年间，他先后写成《寰海》10章、《寰海后》10章、《秋兴》11首、《秋兴后》13首、《筹河篇》上中下3篇及著名的信史、绝作《道光洋艘征抚记》《圣武记》和《海国图志》，并与他人合作编著了《淮北票盐志略》《定庵文录》《定庵外集》等书，合计不下百余万字。这些著作或慷慨陈词，评判时事，或痛心疾首，总结教训，或满怀热情，想方设法，其中洋溢着作者无限的爱国激情，体现了魏源孜孜不倦的追求精神。

《寰海》和《秋兴》诗包含着魏源在鸦片战争期间的爱憎之情，蕴藏着他的许多感受。诗中多处痛骂琦善等投降派误国误民，为林则徐遭受不白之冤大鸣不平；痛斥清政府不辨黑白，滥惩无辜，指斥它在战争中战和不定“争战争和”“忽盟忽叛”“浪攻浪款”，根本没有全盘计划。在敌人大炮威胁下被迫缔结城下之盟以后，清政府仍然不知重振精神、革故鼎新，借着结盟的机会加强边防，以图亡羊补牢，却粉饰太平，把纸上条文当成“万年和约”，把暂时的停战看做永久的“承平”。他强烈呼吁清政府选好外交人才，“师夷技收夷用”“借款盟修塞备”，以图再战。

魏源歌颂人民、歌颂为抗击外国侵略立过功劳的一切英雄。主战派大臣王鼎因反对投降派头子穆彰阿愤而自杀，魏源对此表示了无比的愤慨和同情。他专门作诗赞扬王鼎不惜尸谏的爱国之情，并痛斥琦善等人陷害忠良，投降卖国的恶劣行径。他这样写道：“屡闻闽海获余皇，大有蛾眉妬雁行。三级首功收魏尚，九边矫诏罪陈汤。若从露布衡虚实，试较要贤孰短长。寇拜海中恭顺奏，炮安皐顶协和章。”

1844年，魏源再次参加礼部会试，中进士，以知州用，分发江苏，任东台、兴化知县。期间改革盐政、筑堤治水。1851年，魏源授高邮知州，公余整理著述。1852年，魏源将《海国图志》增补成一百卷。1853年完成了《元史新编》。后以“迟误驿报”“玩视军机”革职。不久复职，他以年逾六旬，遭遇坎坷，以世乱多故而辞去。晚年，潜心学佛，辑有《净土四经》。

1857年，这位杰出的爱国主义思想家与世长辞，终年63岁。

编者

魏源是中国近代史上著名的思想家，对于如何抵抗外国的侵略，有力地打击侵略者，他提出了一句名言——“师夷之长技以制夷”。魏源开辟了近代中国向西方学习的时代新风气。

知识链接

《海国图志》

魏源在《四洲志》的基础上写成《海国图志》。《海国图志》内容丰富，记述了世界各国的地理、历史、经济、政治、军事和科学技术，乃至宗教、文化等情况，并附有世界地图、各大洲地图和分国地图等。此书旨在唤起国人，学习外国的长技，兴利除弊，增强国力，抵抗外来侵略。它与成书时间相近的《瀛环志略》是中国学者编写的最早的两部世界地理著作。

1847年至1848年，魏源又将《海国图志》增补为60卷本，刊于扬州；到1852年又扩充为百卷本。这是中国近代史上最早的一部由国人自己编写的有关世界各国情况介绍的巨著。《海国图志》百卷本，除了以《四洲志》为基础外，先后征引了历代史志14种，中外古今各家著述70多种，另外，还有各种奏折十多件和一些亲自了解的材料。应当注意的是，其史料来源还有外国人的著述。其中，如英人马礼逊的《外国史略》、葡萄牙人马吉斯的《地理备考》等20种左右的著作。

《海国图志》在中国近代史学史上，是第一部较为详尽较为系统的世界史地著作。它不仅在编纂和内容上弥补了《四洲志》和《康輶纪行》等书的缺憾，而且初步形成了自己的结构和理论方法。书中征引中外古今近百种资料，系统地介绍了世界各国的地理位置和历史沿革等史地知识。所记各国气候、物产、交通贸易、民情风俗、文化教育、中外关系、宗教、历法、科学技术等，都超过了前书。所以有人誉《海国图志》为国人谈世界史地之“开山”。

“天朝”新政

——洪仁玕的故事

洪仁玕（1822—1864年），字益谦，号吉甫，广东花县（今花都）人。太平天国后期主要领导人。

洪仁玕1822年出生于广东花县的一个农民家庭，是洪秀全的族弟。他和洪秀全一样，自幼喜爱读书，对古典文籍造诣很深。他原来想通过仕途而治国平天下，但他和洪秀全一样，屡次赴考不第。逐渐心灰意冷，逐渐产生了对清政府的不满。年轻的洪仁玕便一边自修，一边开馆授徒。1843年，洪秀全最后一次应考落第，这才想起束之高阁的基督教清教手册《劝世良言》，受其启发，便在家乡创立拜上帝教，21岁的洪仁玕以及和他同年的冯云山，一同接受了洪秀全自创的在家乡小河边举行的受洗典礼，成为拜上帝会的最早信徒和骨干。

在拜上帝会的掩护下，洪仁玕冲破礼教的束缚，把斗争的矛头指向封建统治者。他曾将私塾中的孔子牌位打翻在地，惊得学童四散。1844年，洪秀全和冯云山远去广西宣传教义，发展革命力量。洪仁玕因家人阻挡，未能一同前往。不久，他应聘到清远县教书。教书期间，他不忘革命，数年之中他发展了五六十人成为拜上帝会成员。

1851年金田起义后，洪仁玕带领五六十人西上，想与太平军会合。走到浔州，太平军已经转移到永安，清军正在到处搜捕并屠杀同情革命的人。后来，由于清政府的追捕，在家无法安身，洪仁玕被迫于1852年4月远走香港。

洪仁玕到香港的时候正是香港成为英国殖民地的十年之后，那时这个小岛已经铺了一条长达四英里的马路（即今天的皇后大道）。公共建筑物有葛楼（法院）、总督府，大小商行二十几家，形成了繁盛的商业区。英国资本家还在香港开办了一些工厂、船坞和轮船公司。香港出版了中英文报纸，基督教各教会都先后在港建立据点，开辟传教事业。各教会也在香港办了一些文化和慈善事业。1847年香港东方汇理银行成立，发行港币钞票。洪仁玕在这个仅有七万五千居民的小岛上，看到了不少新鲜事物。

洪仁玕虽然远离太平军，但他的心却始终向往着革命。他在香港以教书为谋生手段，抓紧撰写《洪秀全来历》一书，宣传太平天国的革命业绩。1853年，太平天国定都天京的消息传来，他欢欣鼓舞，决心奔赴天京的意愿更加强烈。直至1859年4月，他才辗转到达天京。

洪仁玕的到来，让洪秀全格外欣喜。5月，他被封为精忠军师、干王，总理太平天国朝政。执政期间，他撰写了《资政新篇》，提出一套统筹全局的革新方案。如禁朋党，设新闻官；主张发展交通运输业，修筑道路，制造火车轮船，兴办邮政；鼓励民间开矿、办企业，奖励技术发明；创立银行和发行纸币。文化思想、社会风俗方面，主张关闭寺庙道观，反对传统迷信，提倡崇信上帝教；设办医院、学堂，革除溺婴、吸食鸦片、妇女缠足等陋习，禁止买卖人口和使用奴婢。外交方面，提议与各国通商，允许外国人来中国传授科学技术，但不准其干涉内政。这个方案的基本精神是向西方学习，在中国发展资本主义。经洪秀全审批，旨准刊刻颁布。但由于客观条件限制，没有也不可能付诸实施。

他又策划和组织了东征和西征，虽取得某些进展，但终未成功。他资历不深，骤膺高位，难以取得众将领的支持；又因与洪秀全的观念颇有差异，引起洪秀全的猜疑。洪秀全死后，他虽辅佐幼天王，却已无力回天。

1864年7月19日，在清军的凶猛攻势下，天京终于陷落。他率领部队护卫着幼天王辗转于安徽、浙江、江西，准备与侍王李世贤会合。10月9日兵败石城，与幼天王等相继被俘。11月23日英勇就义于南昌。

编者

近百年来，先进的中国人，为了寻求救国救民的真理，走过不少艰难曲折的道路。洪仁玕就是其中杰出的代表。他的《资政新篇》从经济基础到上层建筑全面革新的计划，不但早于洋务派和维新派，而且走在日本明治维新的前面，这是在孙中山提出建国方略前五十年的中国第一个现代化蓝图。

知识链接

《资政新篇》

《资政新篇》是洪仁玕到天京担任军师初时上奏天王洪秀全陈述他向西方学习草拟的建国方案。其主要内容：政治方面，主张统一政令，以法治国；各省设新闻官，听取社会舆论，设投票箱，由公众选举官吏。经济方面，主张学习西方，发展工商业，奖励技术发明，兴办保险事业等。文教方面，反对迷信，提倡兴办学校、医院和慈善机构；严禁买卖人口和吸食鸦片。外交方面，主张同外国自由通商，交流文化，平等往来，但不准外国干涉中国内政。《资政新篇》得到了洪秀全的赞同。作为太平天国继续反封建反侵略的纲领，它有强烈的革命性。它是先进的中国人最早提出的在中国发展资本主义的方案，具有鲜明的资本主义性质。它明确提出了学习西方先进的政治制度和先进的科学技术，主张平等的外交等。集中反映了当时先进的中国人向西方寻找真理和探索救国救民道路的迫切愿望，符合中国社会发展方向，具有进步性。但它没有把发展资本主义与消灭封建剥削制度联系起来，没有同太平天国当时的现实斗争联系起来，只字未提农民最关心的土地问题，既非农民斗争实践的产物，也缺乏实践的社会、经济和阶级基础，因此得不到太平天国广大将士的拥护，对太平天国的现实斗争没有起任何积极作用，而且战争环境也不具备实行的客观条件，所以它根本没有实行。

寻求真理

——严复的故事

严复（1854—1921年），初名传初，改名宗光，字又陵，又字几道，福建侯官（治今福州）人，近代很有影响的资产阶级启蒙思想家、翻译家和教育家，中国近代史上向西方国家寻找真理的“先进的中国人”之一。

严复1854年出生在一个贫寒的医生家庭。12岁时，父亲不幸去世，由于家庭生活日益困难，严复不得不去当时洋务派官费兴办的学校。1867年，严复考入了家乡的福州船政学堂，学习英文及近代自然科学知识，5年后以优等成绩毕业。在毕业实习中，他还曾随同军舰到过新加坡、马来西亚、日本等地，大大开阔了眼界。

1877年到1879年，严复等被公派到英国留学，先入普茨茅斯大学，后转到格林威治皇家海军学院。留学期间，严复对英国的社会政治发生兴趣，涉猎了大量资产阶级政治学术理论，并且尤为赞赏达尔文的进化论观点。在此期间，严复逐渐产生并确立了资产阶级民主主义的人生观。

1879年严复毕业回国，到福州船政学党任教习，次年调任天津北洋水师学堂总教习（教务长），后升为总办（校长）。严复还曾担任过京师大学堂译局总办、上海复旦公学校长、安庆高等师范学堂校长、清朝学部名辞馆总编辑等职。

回国后，严复从海军界转入思想界，积极倡导西学的启蒙教育，完成了著名的《天演论》的翻译工作。他的译著既区别于赫胥黎的原著，又不同于斯宾塞的普遍进化观。在《天演论》中，严复以“物竞天择”“适者生存”的生物进化理论阐发其救亡图存的观点，提倡鼓民力、开民智、兴民德、自强自立、号召救亡图存。译文简练，首倡“信、达、雅”的译文标准。主办《国闻报》。“与天交胜”在当时的知识界广为流传。他的著名译著还有亚当·斯密的《原富》、斯宾塞的《群学肄言》、孟德斯鸠的《法意》等，他第一次把西方的古典经济学、政治学理论以及自然科学和哲学理论较为系统地引入中国，启蒙与教育了一代国人。

辛亥革命后，京师大学堂改名为北京大学。1912 年，袁世凯任命严复担任北大校长，这也说明严复在思想界和学术界的令人信服的显赫地位。此时严复的中西文化比较观走向成熟，开始进入自身反省阶段，趋向对传统文化的复归。他担忧中国丧失本民族的“国种特性”会“如鱼之离水而处空，如躄跛者之挟拐以行，如短于精神者之恃鸦片为发越，此谓之失其本性，”而“失其本性未能有久存者也。”出于这样一种对中华民族前途与命运的更深一层的忧虑，严复曾经试图将北京大学的文科与经学合而为一，完全用来治旧学，“用以保持吾国四、五千载圣圣相传之纲纪彝伦道德文章于不坠。”

和康有为、梁启超一样，严复的晚年也是一场悲剧。他没有跟上时代前进的步伐，后来思想日益保守、落后，以至辛亥革命后走上了充当反动势力代言人的道路。1921 年 10 月 27 日，严复病卒于福州故里，终年 67 岁。

编者

严复一生最大的成就是提倡西学、宣传西学。他通过翻译介绍西方的近代学术，让人们认识到西方国家富强的关键，在于这些国家有一套民主自由的思想理论，以及科学的学理知识。严复的这些译著，比较系统地向中国知识界介绍了西方资产阶级世界观、方法论、政治制度以及自然科学方面的新成就，对中国近代社会起了广泛的影响和启蒙作用，开辟了中国近代思想史上的一个新纪元。

知识链接

《天演论》

《天演论》是严复最著名的译作。《天演论》英文书名直译为《进化论与伦理学》，作者赫胥黎是英国博物学家，达尔文的朋友，也是达尔文学说的忠诚拥护者。《天演论》分导言和正文两个部分，正文是赫胥黎 1893 年在一次学术讲座上的讲稿，导言是 1894 年他在讲稿付印前添写的，较正文还长些。《天演论》的基本观点是：自然界的生物不是万古不变，而是不断进化的；进化的原因在于“物竞天择”，“物竞”就是生存竞争，“天择”就是自然选择；这一原理同样适用于人类，不过人类文明越发展，适于生存的人们就越是那些伦理上最优秀的人。进化论学说的基础是达尔文在《物种起源》一书中奠定的，赫胥黎坚持并发挥了这一思想。

严复译述《天演论》不是纯粹直译，而是有评论、有发挥。他将《天演论》导论分为 18 篇、正文分为 17 篇，分别冠以篇名，并对其中 28 篇加了按语。他在阐述进化论的同时，联系中国的实际，向人们提出不振作自强就会亡国灭种的警告。《天演论》告诉人们亡国灭种的威胁，但又不是无所作为的悲观主义，它启示人们，中国目前虽弱，但仍有挽救的办法，这就是强力竞争，通过努力，改变目前弱者的地位，变为强者。

诗歌外交

——黄遵宪的故事

黄遵宪（1848—1905 年），字公度，别号人境庐主人，广东嘉应州（今梅县）人。近代杰出的爱国诗人、外交家、政治家和教育家。

黄遵宪出身于书香仕宦之家，父亲黄鸿藻为清代举人，曾任户部主事、知府等职。他的曾祖母李氏和母亲吴氏，都出身于知识分子家庭。黄遵宪 3 岁时，由曾祖母李氏带在身边抚养。李氏是梅城翰林李象元的孙女，有家学渊源，喜爱民间文学；她还在黄遵宪咿呀学语时，就对他口授“月光光”等儿歌。黄遵宪还很小，她又教他读《千家诗》。聪敏好学的黄遵宪，不久就能将《千家诗》成诵。4 岁时，李氏送他入家馆读书。他 10 岁学诗，塾师以梅州进士蔡蒙吉“一路春鸠啼落花”的诗句为题，指导他写诗；他作的诗有“春从何处去，鸠亦尽情啼”之句，使塾师甚感惊异。次日，塾师又以杜甫的“一览众山小”句命题，他作的诗头两句就写道“天下犹为小，何论眼底山！”出语不凡，显露出他远大的志向和卓越的才思，被里中誉为“神童”。

黄遵宪于 1867 年春参加院试，入了州学，成为秀才；1873

年考取了拔贡。进了州学以后，他曾先后三次赴广州参加乡试，均未考中，直至1876年北上赴顺天乡试才中举。在参加此次乡试前，因其父黄鸿藻供职农曹，他留待在北京，结识了梅州籍京官何如璋等人。后又随父至烟台，适在那里见到北洋大臣李鸿章。李与他一席谈话，深为赞许黄遵宪对时事的见解，在人前称他是“霸才”。

1877年，清廷任命何如璋为首任出使日本大臣。何如璋知道黄遵宪有“时务”之才，便任其为参赞。已经中举的黄遵宪，家里人本来希望他继续攻读，应进士考试。但他认为国内已被冲开，外国侵略势力直趋中国腹地，“非留心外交，恐难安内”，毅然放弃举业，随何如璋东渡日本，开始了他长达十数年，足迹遍日、美、英、新加坡等国的外交官生涯。

黄遵宪在驻外期间，留心观察所在国的事物，取其认为可资中国学习效仿的东西加以介绍。特别是他目睹日本原来的国情与中国大体相似，但经过明治维新后，日本实行“殖产兴业”“富国强兵”“文明开化”三大政策，迅速走上了富强之路，使他眼界大开，极为羡慕。为深入了解研究日本，他在日本期间，与日本朝野人士广泛接触，对日本的历史与现实进行全面系统的考察。正如日本友人说的，他于“退食之暇，披览我载籍，咨询我故老，采风问俗，搜求逸事。”经过一番深入细致的研究，黄遵宪得出结论，认为中国要革新自强，必须效法日本进行维新变法。为“借鉴邻国，作匡时之策”，黄遵宪不惜劳心劳力开始撰写《日本国志》。在《日本国志》凡例中，黄遵宪就明确阐明其写此书的动机：“日本变法以来，革故鼎新，旧日政令百不存一。今所录皆详今略古，详近略远，凡涉及西湖尤加详备，期有用也。”可见黄遵宪编著《日本国志》的目的在于“用”。希望通过自己的著作，帮助国人打开眼界，希望清廷效法日本，革故取新，变从西法。

1882 年，黄遵宪调任驻美国旧金山总领事。之后，黄遵宪写成《日本国志》一书。书中以大量篇幅介绍日本明治维新的情况，并批判秦汉以后的专制主义，肯定西方的立法制度，提出一系列学习西方的主张。1891 年，黄遵宪前往新加坡任总领事。1895 年，黄遵宪在上海参加强学会，此后成为维新运动中的积极分子。次年，黄遵宪邀请梁启超到沪创办《时务报》鼓吹变法。1896 年 10 月，黄遵宪入京受到光绪皇帝和帝党官僚接见。1897 年 7 月，他被任命为湖南长宝盐法道等职，积极协助湖南巡抚陈宝箴推行新政。1898 年 8 月，光绪帝任命黄遵宪为出使日本大臣。戊戌政变失败后，黄遵宪被清政府列为“从严惩办”的维新乱党，但由于外国驻华公使等干预，清政府允许黄遵宪辞职还乡。

黄遵宪回乡后仍热心推进立宪、革命等工作，并潜心新体诗创作，被誉为“诗界革命巨子”。同时，他热心家乡教育事业，创立嘉应兴学会议所，自任会长，积极兴办新学堂。1905 年 3 月 28 日，黄遵宪带着无限感伤和遗憾，在家乡病逝。

编者

黄遵宪的诗歌主张和实践为资产阶级改良派的诗界革命奠定了重要基础。他的诗表现了强烈的爱国主义精神和对封建专制主义、封建学术文化和旧礼教的批判精神。他还利用诗歌直接为改良主义运动服务，宣传改良主义思想，宣传外国的科学文明。

知识链接

诗界革命

甲午中日战争后，面对日益深重的民族危机，资产阶级维新派在文学领域也发出各种改良的呼号，提倡以“旧风格含新意境”进行诗歌创造，主张按照当代的物质文明和精神文明来开辟诗的境界。

“诗界革命”的口号是19世纪末由谭嗣同、梁启超、黄遵宪等维新派提出来的，其目的正是要解决诗歌为维新改良服务的问题。诗界革命中成就最大的是黄遵宪。他是近代前期最杰出的诗人。他一生诗作数量多，集中编成《人境庐诗草》。其诗的特色——以诗歌记录近代中国乃至世界的许多大事，揭示民族矛盾，表达反帝爱国激情，故其诗被称为“史诗”。代表作有《冯将军歌》《哀旅顺》《台湾行》等。

实业兴国
——刘鹗的故事

刘鹗（1857—1909 年），原名孟鹏，字云抟。后更名鹗，字铁云，又字公约。署名“鸿都百炼生”，江苏丹徒（今镇江市）人，寄籍山阳（今淮安）。被海内外学者誉为“小说家、诗人、哲学家、音乐家、医生、企业家、数学家、藏书家、古董收藏家、水利专家、慈善家”。他所著《老残游记》备受世人赞誉，是中国四大讽刺小说之一。

刘鹗1857年出生于一个官僚家庭。父亲刘成忠曾先后任翰林院庶吉士和编修，河南知府和道台。刘鹗5岁随父居河南任所，7岁拜师受教，开始读书。1876年，他的父亲辞官后全家移居淮安。同年秋刘鹗赴南京应乡试不中，从此便无意仕途，乃发奋致力于学。他写的一首《述怀》诗中有这样的句子“余年初弱冠，束修事龙川。虽未明道义，洒扫函丈前。天才学干禄，乃志在圣贤。”表明刘鹗放弃科举的决心，他要走一条与传统官宦世弟完全不同的人生道路。落第归来的刘鹗在扬州遇到了太谷学派第二代南宗掌门人李光炘，由此皈依该学派，学习太谷学派教义。刘鹗入教后自刻一方印章，自称“如来最小弟子”，他把太谷学派“能具菩萨心肠，即证圣贤地位”作为人生目标，并身体力行。

1884年，刘鹗的父亲去世，无心仕途的刘鹗在家乡淮安开起烟叶铺和药铺，但是生意惨淡，均以失败告终。后又在扬州与上海行医，开办印书局也都没能维持长久。1887年，黄河先后在河南的开封、郑州决口，一时中原大地水患频发，清政府派出数人前往治河，结果仍不见效。在河南开封府长大的刘鹗，目睹过其父治河过程，也研究过父亲的《河防刍议》一书，此时毛遂自荐投效河工。由他亲临指挥的这次"束水攻河"，提高河堤来治患，同年底便见到了成效。刘鹗因治河有功被保荐为道员任用。但是，刘鹗称此次投效河工"实出于悲悯一念，初非家食之足也"，于是，他把这个头衔给了自己的哥哥刘梦熊。

刘鹗踏上社会自谋生路几年，正是中国近代社会政治最动荡的时刻。1884年中法战争后，国内一批知识分子纷纷著书立说，要求废除八股，设立议院，振兴商务，发展实业，裁减厘税，打开禁防，学习西方。1888年，康有为第一次给皇帝上书，建议变法维新挽救危局。此时刘鹗所选择的人生之路，与当时有识见的知识分子是一致的。深重的民族危机，深深地刺痛了知识分子中一批有识之士，刘鹗在给同仁的信中说"国之大病，在民失其养"，"养"民则必须走兴教育、兴实业之路。这是一条封建士大夫从未走过的路。按照传统的习惯，中国历代士大夫人生之道是读书、科举、做官、升官，这是他们人生的最美满的理想。但是，就在1895年前后，中国一批士大夫却放弃了传统的习惯，他们义无反顾从事实业。刘鹗便是走上这样一条当年颇为新潮的人生之路。

1889年，张之洞奏请朝廷建立卢沟桥到汉口的卢汉铁路方案获批准。刘鹗应集资承办人前往湖北，结果失败而回。在此前后，英国福公司取得山西的开矿权，并聘刘鹗为中方经理。受维新思潮影响的刘鹗，想借民间资本，用中外合作参股的方式经营山西晋丰公司，开发矿业，此事因受山西籍京官参奏，指责刘鹗勾结山西巡抚胡聘之把矿产“典与洋人”，结果清政府下令撤销山西晋丰公司。

刘鹗想借助与洋人合作的机会，引入技术、资金和设备，走一条自强的实业道路，结果却一次次失败。1898年，在康有为、梁启超等人的鼓动下，光绪皇帝进行了维新变革，试图在政治体制与经济管理上全盘学习西方的经验。但是，此时朝中以慈禧为首的上层集团对受西方诸国支持的维新变革更是恨之入骨，势不两立。103天的“戊戌变法”，以谭嗣同等六君子的被杀而告终，朝中后党集团对凡与洋人有过多交往的事情颇多疑心。有人奏刘鹗同晋丰公司与英商有勾结，此事自然刺中朝中上层集团心病，他们对“戊戌变法”时支持光绪的西方诸国本就想乘机报复。不久，上层集团的载漪、载勋、载澜、徐桐、启秀、刚毅等人说动慈禧支持义和团，让他们打起“助清灭洋”大旗围攻教堂，大杀洋人与教士，结果酿成了八国联军进京。在这种背景下，刘鹗想走与英商合作之路自然是走不通。与外商合作不成，刘鹗又想在上海建一座大规模的百货商场，名为“五层楼商场”，结果因合资与开办问题上的分歧，也没有结果。

1900年8月，八国联军攻占北京，慈禧带着光绪皇帝及一班宠臣仓皇逃离京城，往山西方向避难。攻入北京的八国联军，借口解救教士与教民，在城内烧杀掠劫，无恶不作，集东西方园林瑰宝的颐和园就在联军的抢掠中变为废墟。此时京城几十万居民粮道中断，由俄军占领的政府粮库，准备放火烧毁。在上海因办实业屡遭失败的刘鹗，听到这一消息心如刀割，他马上与友人自筹一批银两，并亲自带往北京，他动用自己与各国使馆旧有的关系，以赈务为名将粮库全部买下，以赈粮与平粜米。但是，刘鹗此番英雄壮举，以后成了他被捕遭流放的一条罪状，“私盗太仓粟”。

庚子之变后，刘鹗又与友人合作成立豫丰公司，向英国福公司借款开采河南煤矿、修筑铁路，并又创办宝昌公司与浙江乡绅一起借外资开采浙江煤矿。但是，庚子之变在中国广大百姓心中，并未因“辛丑条约”的签订而告结。八国联军的入侵与清政府的割地赔款，由国家受辱而激发起的民族主义情绪更加激烈。刘鹗此举在浙江留日学生中激起强烈的反抗，他们纷纷撰文，致电国内，指责刘鹗为卖矿的汉奸。

在与洋人合作屡遭失败的情况下，刘鹗转而走民族自营实业之路。1903 年后，他到上海徐家汇筹办蒸汽机织布厂，与人合资计划在湖南株洲创办实业钢铁厂，结果又失败了。1906 年，刘鹗因在南方办企业都没有实现，又转向北京，计划创设北京电车公司和自来水厂。同时又与友人郑永昌创设“海北精盐公司”，计划从山东沿海购入粗盐运到青泯洼等地制成精盐后再运销朝鲜、日本，这些计划又无一实现。

1907 年，面对创办实业屡试屡败，刘鹗退而经营自己与亲戚程文炳、程恩培父子合伙的浦口滩地九洲地产。1898 年，清政府与英国商定，修筑一条天津至镇江的津镇铁路，刘鹗意识到铁路一通，沿途地价将会暴涨，于是，他在 1902 年与他人合伙买下了浦口九洲一千六百多亩地。1908 年，清政府采纳张之洞意见，决定改津镇铁路为津浦铁路，这一决定，使浦口地价暴涨。此时正为自己有先见之明而高兴的刘鹗，又与人合伙买下了与浦口毗连的六合县沿江土地二十多里，并又转手卖给英商镇江丰和洋行。由于转手土地而发财的刘鹗与其合伙人，自然引来了当地乡绅的红眼，他们因妒忌而通过北京的御史吴某，向清政府外务部告发刘鹗，理由是卖地给洋人是汉奸行为。清政府外务部发函，收回刘鹗所卖出的土地，此事引起英国驻华公使的抗议。继而浦口乡绅要刘鹗与合伙人以原价出让土地。不久时任军机大臣并负责外务部的袁世凯下了密令要两江总督拘捕刘鹗。罪状三项，“山西福公司事”“私盗太仓粟”与办北海精盐公司事，罪名是“勾结外人，营私罔利”“著发住新疆，永远监禁”。刘鹗于同年8月20日在南京被捕，三天后被押往新疆充军之路。1909年，刘鹗死于乌鲁木齐。

作为一个实业家、外资引入者，刘鹗处处碰壁。但是，作为一个知识分子，刘鹗则比那批科举之士、翰林之员多了许多光彩。除了小说《老残游记》，他还是我国第一位甲骨文收藏者。1903年出版的《刘鹗藏龟》，是我国第一部甲骨文著作。人们讲二十世纪我国文化上的四大发现，第一便是甲骨文，研究者绕不开藏有6千多片甲骨的刘鹗。其次，他还编写《历代黄河变迁图考·十卷》、数学类的《勾股天玄草》《弧角三术》、医学书《要药分剂补正》《温病分辨歌诀》《人寿安和集》等。作为忙于实业建功的知识分子，业余能涉及如此众多领域，并拿出一批自述著作，今天看来也显得十分惊奇。

编者

以“养天下”为己任的实业家刘鹗，虽然一生坎坷，但是由于他在兴办铁路，开设工厂等方面的探索，使国人较早地触摸到时代转变的脉搏。

知识链接

《老残游记》

刘鹗的小说《老残游记》是晚清的四大谴责小说之一。全书共20回。作者在小说的自序里说：“棋局已残，吾人将老，欲不哭泣也得乎?”小说是作者对“棋局已残”的封建末世及人民深重的苦难遭遇的哭泣。

小说写一个被人称做老残的江湖医生铁英在游历中的见闻和作为。老残是作品中体现作者思想的正面人物。他“摇个串铃”浪迹江湖，以行医糊口，自甘淡泊，不入宦途。但是他关心国家和民族的命运，同情人民群众所遭受的痛苦，是非分明，而且侠胆义肠，尽其所能，解救一些人民疾苦。随着老残的足迹所至，可以清晰地看到清末山东一带社会生活的面貌。在这块风光如画、景色迷人的土地上，正发生着一系列惊心动魄的事件。封建官吏大逞淫威，肆意虐害百姓，造起一座活地狱。小说的突出处是揭露了过去文学作品中很少揭露的“清官”暴政。

中体西用

——张之洞的故事

张之洞（1837—1909年），字孝达，号香涛、香岩，又号壹公、无竞居士，晚年自号抱冰，直隶南皮（今河北南皮）人，清朝洋务派代表人物之一。

张之洞1837年出生于贵州。他从小博闻强识，文才出众，11岁即为贵州全省学童之冠，作《半山亭记》，名噪一时。12岁在贵阳出版第一本诗文集。1853年，他回直隶南皮应顺天乡试，名列榜首。1863年，与贵州人李端棻同为进士，后历任翰林院编修、教习、侍读、侍讲学士及内阁学士等职。与张佩纶、黄体芳等人一起，放言高论，纠弹时政，抨击奕䜣、李鸿章等洋务派官僚，有“四谏”“六君子”“十朋”之称。

1881年，张之洞授山西巡抚。从此，他政治态度转变，大力从事洋务活动，成为后期洋务派的主要代表人物。1884年春，中法战争前夕，他奉命署理不久，又补授两广总督。他力主抗法，筹饷备械，起用前广西提督老将冯子材等，击败法国军队。同时，在广东筹建官办新式企业，设立枪弹厂、铁厂、枪炮厂、铸钱厂、机器织布局、矿务局等；以新式装备和操法练兵，设广东水陆师学堂。

1889年，张之洞调任湖广总督。以后十八年间，除两度暂署两江总督外，一直久于此任。他将在广东向外国订购的机器移设湖北，建立湖北铁路局、湖北枪炮厂、湖北纺织官局（包括织布、纺纱、缫丝、制麻四局）。并开办大冶铁矿、内河船运和电信事业，力促兴筑芦汉、粤汉、川汉等铁路。

1894—1895 年张之洞署督两江时，仿德国营制，在江宁（今江苏南京）筹练江南自强军，后又以之为基础在湖北编练新军。为培养洋务人才，张之洞尤注重广办学校，在鄂、苏两地设武备、农工商、铁路、方言、普通教育、师范等类新式学堂，并多次派遣学生赴日、英、法、德等国留学。在举办洋务事业中，还大量举借外债，是为中国地方政府直接向外国订约借款之先。

1894 年甲午中日战争爆发后，张之洞曾奏请派马队“驰赴天津，听候调遣”，并想以“外洋为助”。他鉴于“倭势日强，必将深入”，建议“慎固津沽及盛京”。10 月 26 日致电李鸿章，提出“购兵船、借洋款、结强援”三项主张。10 月底，日本军队强渡鸭绿江后，辽沈危急，张之洞再提出“购快船、购军火、借洋款、结强援、明赏罚”五事。11 月 2 日，调署两江总督。11 月 7 日，他在致李鸿章电中指出“无论或战或和，总非有船不行”。11 月下旬，日军围困旅顺，张之洞先后致电李鸿章、李秉衡，要求急救旅顺，均无效。

1895 年初，日军进犯山东半岛，张之洞给山东巡抚李秉衡发急电，建议李“责成地方官多募民夫，迅速星夜多开壕堑，于要路多埋火药，作地雷”，以阻止日军进犯。并表示拟拨枪支弹药支援山东守军。在丁汝昌自杀殉国后，他曾建议将驻扎台湾的刘永福调来山东抗日，保卫烟台。当张之洞得悉清廷有割台海于日之说，于 2 月 28 日致电朝廷，晓之以利害，极力反对割台。并提出保台的“权宜救急之法”。3 月 29 日，张之洞致电唐景崧，一方面鼓励御倭；一方面建议起用百战之将刘永福，同时致电刘永福，建议他“忍小任大，和衷共济，建立奇功”。《马关条约》签订后，张之洞于4月26日向清廷上奏，提出废约办法“惟有乞援强国一策”。5月20日，清廷谕令唐景崧“著即开缺，来京陛见。其台省大小文武各员，并著唐景崧令陆续内渡”。张之洞认为“此时为台之计，只有凭台民为战守，早遣无用客勇，以免耗饷，禁运银钱内渡，以充军实”。24日，张之洞从唐景崧来电中得悉“日内台民即立为民主国”之事，27日上奏，认为台湾“现自改为民主之国，以后筹械等事，自未便再为接济，以免枝节”。6月3日，日军攻陷基隆港。5日，张之洞仍致电唐景崧，希望他激励士勇民众坚守台北府，并鼓励唐“自率大支亲兵，获饷械，择便利驻扎，或战、或攻、或守，相机因应，务取活便，方能得势。”可是唐景崧辜负了台湾人民的期望，7日乘船退回厦门。最后只剩刘永福在台湾领导军民坚持抵抗日本侵略军。但是“饷械奇绌”，多次向张之洞求援，张之洞虽有饷械，却不敢接济，10月19日，刘永福战败，退归厦门。

1898年4月，张之洞撰《劝学篇》，提出“中学为体，西学为用”，维护封建纲常，宣传洋务主张，攻击维新思想，反对变法运动。1900年义和团运动爆发后，主张“安内乃可攘外”，多次上书清廷，要求对义和团严加镇压。这年夏天，八国联军进逼京津，清政府对外宣战，乃于地方拥兵自重，并在英国策动下，与两江总督刘坤一、两广总督李鸿章联络东南各省督抚，同外国驻上海领事订立《东南互保章程》九条，规定上海租界由各国共同“保护”，长江及苏杭内地治安秩序由各省督抚负责。8月间，在汉口通过英国领事，破获设于英租界的自立军机关，捕杀唐才常等人。随后又在鄂、湘、皖镇压了由维新派唐才常、林圭、秦力山等联络长江中下游哥老会发动的自立军起义。

1901年，清政府宣布实行“新政”，设督办政务处，命张之洞以湖广总督兼参预政务大臣。不久与刘坤一联衔合上“江楚会奏变法三折”，提出“兴学育才”办法四条，及调整中法关系十二事，采用西法十一事，为“新政”活动的重要蓝本。

1903 年，会同管理学务大臣商办学务，仿照日本学制拟定“癸卯学制”（即 1903 年经修改重颁的《奏定学堂章程》），在全国首采近代教育体制。1905 年后，资产阶级革命运动兴起，在东南地区破坏革命组织，镇压革命派领导的武装起义，因此受到社会进步舆论的强烈谴责。

1907 年调京，任军机大臣，充体仁阁大学士，且兼管学部。次年清政府决定将全国铁路收归国有，受任督办粤汉铁路大臣，不久兼督办鄂境川汉铁路大臣。光绪帝和慈禧太后死后，以顾命重臣晋太子太保。1909 年病故，谥文襄。

编者

张之洞提出的“中学为体，西学为用”的思想是对洋务派和早期改良派基本纲领的总结和概括；毛泽东对其在推动中国民族工业发展方面所作的贡献评价甚高，曾说过“提起中国民族工业，重工业不能忘记张之洞”。他的一生是改革的一生，他在工业和教育方面的改革对推动中国民族工业发展以及中国教育现代化都作出了巨大的贡献。

知识链接

自强学堂

自强学堂是 1893 年张之洞为培养“精晓洋文”的外交人员，奏请清政府创办的我国近代教育史上第一所真正由中国人自行创办和管理的新式高等专门学堂，它从一开办便一改中国传统书院“学不分专门”的旧习，仿照西方高等教育模式，在全国各学堂中率先实行分科教学、按班授课的体制，开风气之先，在全国范围内起到了良好的示范带头作用，此后许多学堂“均仿自强学堂成法”，进行分科教学。

自强学堂开办之初，设方言、算学、格致、商务四门，专门培养外语和商务人才。1896年7月，鉴于中日甲午战争的教训，自强学堂改订章程，调整学科门类设置，强化外语人才的培养，算学改归两湖书院。格致、商务不再单独设门，只作为课程附列其中。同时设有译书局，并入了1892年建立的矿务、化学学堂，开创了自然科学专门教育。方言一门扩大为英语、法语、德语、俄语、日语等5门。自强学堂在当时社会影响较大，其成就与水平得到了许多专家学者如李端棻、梁启超等人的高度评价，后来《清史稿》也认为：“查京外学堂，办有成效者，以湖北自强学堂、上海南洋公学为最。”

1902年，自强学堂由武昌三佛阁大朝街口迁至武昌东厂口，同时改名为方言学堂。“方言”即“外语”之意。根据1904年1月张之洞等人上奏并得到清政府认可颁行的《奏定学堂章程》中《各学堂奖励章程》文件的规定，湖北方言学堂为“程度与高等学堂略同”的“外省方言学堂”。方言学堂不设总办。1911年，辛亥革命前夕，方言学堂被新任湖广总督瑞徵认为学堂“风气不端”，以教育经费紧张为由强令停办。辛亥革命后，方言学堂校舍为武昌军官学校占驻。

实业救国

——张謇的故事

张謇（1853—1926 年），字季直，号啬庵，江苏通州（今南通）海门常乐镇人。中国近代著名的实业家、教育家、立宪派代表人物。

张謇 1853 年出生于江苏南通常乐镇。张謇兄弟五人，他排行第四，故南通民间称他为“四先生”。张家世代务农，到张謇的父亲时，已置田二十余亩，同时做糖坊生意。张謇 4 岁时，父亲就教他识《千字文》，5 岁时张謇就能熟练地背诵《千字文》，父亲于是又让兄弟们入邻塾，跟随海门邱人璋先生读书。张謇 12 岁时，父亲自办家塾，请西亭宋效祁先生到家中教孩子们学习。张謇 14 岁时，因效祁先生病故，父亲又让张謇去西亭，跟随效祁先生的从子宋琳先生读书。15 岁时，又跟随江南乡试举人宋琛先生学习。

张謇 16 岁时，张家为了家里能出个当官的，经宋琛安排，张謇冒用如皋县人张育才的名义报名注籍，经县、州、院三试胜出，得隶名如皋县学为生员。1869 年，张謇考中秀才。其后如皋张氏贪得无厌、索酬无已，后竟告到如皋官府，意在借官勒索。自此多年缠讼，使张謇吃足了苦头，家道也转入困顿。幸好通州知州孙云锦、江苏学政彭久余怜士惜才，帮助张謇才得以平息这桩官司。

1874年，张謇前往南京投奔原通州知州孙云锦。1876年夏天，应淮军“庆字营”统领吴长庆邀请，前往浦口入其庆军幕任文书，后袁世凯也投奔而来，两人构成吴长庆的文武两大幕僚，参与了庆军机要、重要决策和军事行动。1880年春，吴长庆升授浙江提督，奉命入京，张謇随同前往。同年冬，吴长庆奉命帮办山东防务，张謇随庆军移驻登州黄县。

1882年，朝鲜发生“壬午兵变”，日本乘机派遣军舰进抵仁川，吴长庆奉命督师支援朝鲜平定叛乱，以阻止日本借机发动侵略战争。张謇随庆军从海上奔赴汉城，为吴长庆起草《条陈朝鲜事宜疏》，并撰写《壬午事略》《善后六策》等政论文章，主张反抗侵略，对外持强硬政策，由此受到南派“清流”首领潘祖荫、翁同龢等的赏识。1884年吴长庆奉调回国，驻防金州，袁世凯则留朝鲜接统“庆字营”。不久吴长庆病故，张謇离开庆军回归故里，继续攻读应试。

1885年顺天府乡试，张謇考中举人。1894年，慈禧太后六十大寿辰设恩科会试，张謇考中状元，被任命为翰林院修撰。鉴于甲午战败，国事日非，为了实现“救贫”“塞漏”的抱负，他放弃了官职，在两江总督张之洞的支持下，在南通开始了“实业救国”的实践。

1895年，张謇集资50万两银子，在通州的唐闸镇创办了南通的第一个近代工厂——大生纱厂（后改名大生一厂）。以后，他又陆续在崇明外沙（今启东）久隆镇创办了大生二厂，在海门创办了大生三厂，在城南创办了大生副厂。并在吕四、海门交界处围垦沿海荒滩，建成了纱厂的原棉基地——拥有10多万亩耕地的通海垦牧公司。随着资本的不断积累，张謇又在唐闸创办了广生油厂、复新面粉厂、资生冶厂等，逐渐形成唐闸镇工业区。同时，为了便于器材、机器和货物的运输，他在唐闸西面沿江兴建了港口——天生港。以后，天生港又兴建了发电厂，在城镇之间、镇镇之间开通了公路，使天生港逐步成为当时南通的主要长江港口。

在兴办实业的同时，张謇按照他“父教育，母实业”的思想，在南通兴办了一系列文化教育事业。1902年创办了我国最早的师范学校——通州师范学校。接着，他于1905年创建了我国第一座民办博物苑，1907年创办了农业学校和女子师范学校，1909年倡建通海五属公立中学。1912年，张謇创办了医学专门学校和纺织专门学校。后来，农、医、纺三所学校合并成为南通学院。与此同时和稍后，他还兴办了各种中、初级职业学校，短期讲习班和特殊教育事业，如商业学校、银行专修科、测绘专修科、工商补习学校、镀镍传习所、蚕桑讲习所、女工传习所、伶工学社、盲哑学校等，南通城市建设按照一城三镇的格局，开始成为长江下游的重要商埠和苏北的经济、文化和政治中心，从一个封闭落后的封建城镇向资本主义的城市过渡。

张謇是“实业救国”和“教育救国”的倡行者，并终生为其事业奋斗，因而被誉为“状元资本家”。

编者

张謇的“父实业、母教育”主张和实践具有深刻的历史意义，他一生创办了20多个企业，370多所学校，为我国近代民族工业的兴起，为教育事业的发展作出了宝贵贡献。毛泽东在谈到中国民族工业时曾说：“轻工业不能忘记张謇”。

知识链接

实业救国论

“实业救国论”是中国近代民族资产阶级一些代表人物所宣

扬的、以发展资本主义工商业作为救国救民主要途径的议论。于19世纪末提出，以张謇、康有为、梁启超等为主要代表。实业泛指农、工、商、交通等业。但是他们宣扬此论的同时，却否定采取革命手段改变落后生产关系的必要性。

“实业救国论”在19世纪末已开始出现，到了辛亥革命前后成了一种颇为流行的论调。甲午战争后，陈炽宣称：今后中国的存亡兴废，“皆以劝工一言为旋转乾坤之枢纽”（《续富国策·劝工强国说》），这可说是中国近代“实业救国论”的滥觞。20世纪初，张謇极力宣扬“实业救国论”，认为：“救国为目前之急，……譬之树然，教育犹花，海陆军犹果也，而其根本则在实业”（《张季子九录·政闻录·对于储金救国之感言》）。张謇是中国近代“实业救国论”的最有影响的代表人物，“实业救国论”经他提倡而在资产阶级上层人物中风行一时。

“实业救国”的口号产生了广泛影响。它是针对帝国主义的侵略造成的民主危机提出来的，其主流是积极进步的。但在半殖民地半封建的中国，实业救国只是一种幻想，既振兴不了实业，更不能救国。

京张铁路

——詹天佑的故事

詹天佑（1861—1919 年），号眷诚，字达朝，广东南海人，原籍安徽婺源（今属江西婺源）。中国首位铁路工程师，有“中国铁路之父”之称。

詹天佑 1861 年生于广东南海县（今南海区）。少年时的詹天佑对机器十分感兴趣，常和邻里孩子一起用泥土仿做各种机器模型。有时，他还偷偷地把家里的自鸣钟拆开，摆弄和捉摸里面的构件，提出一些连大人也无法解答的问题，村里人都很佩服这个孩子。1872 年，年仅 12 岁的詹天佑作为中国第一批官办留洋学生留学美国。

詹天佑在美国先后就学于威哈吩小学、弩哈吩中学，1881 年又以优异成绩毕业于耶鲁大学，并写出题为《码头起重机的研究》的毕业论文，获学士学位，并于同年回国。回国后詹天佑入马尾船政学堂学习，学成后派往福建水师旗舰“扬武”任炮手，参加了马尾海战。战后被调入黄埔水师学堂任教习。

1888 年，詹天佑由老同学邝孙谋推荐，到中国铁路公司任工程师。被埋没了七年之久的詹天佑才有机会献身于祖国的铁路事业。当时正值天津—唐山铁路施工，他不愿久居天津，就亲临工地，与工人同甘共苦，结果只用80天的时间就竣工通车了。但李鸿章却以英人金达之功上奏，并提升金达为总工程师。詹天佑的功劳就这样被抹杀了。

1890年，清政府开始修建关内外铁路（今京沈铁路），并以金达为总工程师。1892年工程进行到滦河大桥，许多国家都想兜揽这桩生意，金达当然以英国为先，但英国人喀克斯却失败了。日本、德国的承包者也都遭失败。由于交工期限将至，金达才不得不求詹天佑。詹天佑详尽分析了各国失败的原因，又对滦河底的地质土壤进行了周密的测量研究之后，决定改变桩址，采用中国传统的方法，让中国潜水员潜入河底，配以机器操作，胜利完成了打桩任务，建成滦河大桥。这一胜利长了中国人的志气。1894年英国工程研究会选举詹天佑为该会会员。此后，詹天佑又领导了京津铁路、萍醴铁路（萍乡至醴陵）等铁路的建筑。

袁世凯为讨好慈禧太后，1902年奏请修建一条专供皇室祭祖之用的新易铁路（高碑店至易县）。坐火车去祭祖，慈禧太后自然高兴。为了不误1903年祭祖之用，命袁世凯于6个月内完工。袁世凯命詹天佑为总工程师。尽管此路价值不大，却是中国人自修铁路之始。因此詹天佑仍是非常重视。詹天佑彻底抛弃了当时外国人必须在路基修成之后风干一年才可铺轨的常规，仅用4个月的时间以极低的费用建成新易铁路。大大鼓舞了中国人自建铁路的信心，为后来京张铁路的修筑打下良好基础。

张家口为北京通往内蒙古的要冲，南北旅商来往之要道，向来为兵家所必争，因此京张铁路就有着重要的经济价值和政治价值。当清廷要修京张路的消息传出后，在华势力最大的英国志在必得，视长城以北为其势力范围的沙俄誓不相让，双方争执不下，最后达成协议：如果清廷不借外债，不用洋匠，全由中国人自修此路，双方可都不插手。这样，清政府就打消了求救于洋人的念头而一心自修了。

1905年5月，京张铁路总局和工程局成立，陈昭常为总办，詹天佑为会办兼总工程师，1906年詹天佑又升为总办兼总工程师。

詹天佑勘测了三条路线，第二条绕道过远为不可取。第三条就是今天的丰沙线。由于清廷拨款有限，时间紧迫，詹天佑决定采用第一条路线，即从丰台北上西直门、沙河，经南口、居庸关、八达岭、怀来、鸡鸣驿、宣化到张家口，全长360华里。全线的难关在关沟，这一带叠峦重嶂，悬崖峭壁，工程之难在当时为全国所没有，世界所罕见；坡度极大，南口和八达岭的高度相差180丈。詹天佑把全线分为三段：丰台到南口为第一段，南口到康庄为第二段，其余为第三段。

1905年8月，京张铁路正式开工，紧张的勘探、选线工作开始了。詹天佑亲自带学生和工人背着标杆、经纬仪，日夜奔波在崎岖的山岭上。一天傍晚，猛烈的西北风卷着沙石在八达岭一带呼啸怒吼，刮得人睁不开眼睛，测量队急着结束工作，填个测得的数字，就从岩壁上爬下来。詹天佑接过本子，一边翻看填写的数字，一边疑惑地问："数据准确吗"？"差不多"，测量队员回答说。詹天佑严肃地说："技术的第一个要求是精密，不能有一点模糊和轻率，'大概''差不多'这类说法不能出自工程人员之口。"接着，他背起仪器，冒着风沙，重新攀到岩壁上，认真地又重新勘测了一遍，修正了一个误差。当他下来时，嘴唇冻青了。

不久，勘探和施工进入最困难的阶段。在八达岭、青龙桥一带，山峦重叠，陡壁悬岩，要开四条隧道，其中最长的达一千一百多米，是居庸关的三倍长。詹天佑经过精确测量计算，决定采取分段施工法：从山的南北两端同时对凿，并在山的中段开一口大井，在井中再向南北两端对凿。这样既保证了施工质量，又加快了工程进度。凿洞时，大量的石块全靠人工一锹锹地挖，涌出的泉水要一担担地挑出来，身为总工程师的詹天佑毫无架子，与工人同挖石，同挑水，一身污泥一脸汗。他还鼓舞大家说："京张铁路是我们用自己的人、自己的钱修建的第一条铁路，全世界的眼睛都在望着我们，必须成功！""无论成功或失败，绝不是我们自己的成功和失败，而是我们国家的成功和失败！"詹天佑为了缩短工期，想出了"竖井开凿法"，为了火车上山，创造了"人"字形线路。

1905 年 9 月 4 日正式开工，12 月 12 日开始铺轨。就在铺轨的第一天，一列工程车的一个车钩链子折断，造成脱轨事故。这一下成了中国人不能自修铁路的证据，各种诽谤中伤纷至沓来。但詹天佑没有惊慌失措，反倒冷静地想到：此路坡度极大，每节车厢之间的连接性能稍有不固，事故就难避免。为此，他使用了自动挂钩法，终于解决了这个问题。

1906 年 9 月 30 日第一段工程全部通车，第二段工程同时开始。难关就在第二段，首先必须打通居庸关、五桂头、石佛寺、八达岭四条隧道，最长的八达岭隧道 1092 公尺。这不仅要有精确的计算和正确的指挥，还要有新式的开山机、通风机和抽水机。前者对詹天佑都不成问题，而后者当时中国全都没有，只有靠工人的双手，其困难程度可以想见。他们硬是克服了重重困难，终于在 1908 年 9 月完成了第二段工程。

第三段工程的难度仅次于关沟，首先遇到的是怀来大桥，这是京张路上最长的一座桥，它由七根一百英尺长的钢梁架设而成。由于詹天佑正确地指挥，及时建成。1909 年 4 月 2 日火车通到下花园。下花园到鸡鸣驿矿区岔道一段虽不长，工程极难。右临羊河，左傍石山，山上要开一条六丈深的通道，山下要垫高七华里长的河床。詹天佑即以山上开道之石来垫山下河床。为防山洪冲击路基，又用水泥砖加以保护，胜利完成了第三段工段。

京张铁路原计划6年完成，詹天佑却只用了4年时间就完成了，并节余28万两银子。京张铁路的胜利建成是中国人民的胜利，也是中国爱国知识分子爱国精神的充分体现。

京张铁路建成之后，詹天佑应广东商办粤汉铁路总公司的聘请，于1910年任该公司总理，又于1912年5月兼任汉粤川铁路会办。1919年4月24日詹天佑逝世于汉口，享年58岁。

编者

詹天佑是我国杰出的爱国工程师。京张铁路是第一条完全由我国工程技术人员设计施工的铁路干线。它的顺利完成不仅显示了詹天佑本人杰出的建筑才华，也给了藐视中国的帝国主义者一个有力的回击。詹天佑在中国铁路史上写下的光辉篇章，是中国人的光荣。他将永远受到人们的崇敬和纪念。

知识链接

京张铁路并非是中国人建的第一条铁路

很多人都认为京张铁路是中国人自己独立修建的第一条铁路，其实事实并非如此，中国人自己修建的第一条铁路是新易铁路。1901年，慈禧结束逃亡返回北京，途中第一次坐火车。火车给她留下良好的印象，她提出，两年后要坐火车到西陵祭陵。于是清廷紧急筹措修建京汉铁路高碑店站到梁各庄皇陵的支线。时任关内外铁路总办的“留美幼童”梁如浩主持此事，他推荐了詹天佑。詹天佑崭露头角，在不易施工的冰天雪地，指挥工程迅速竣工。所以准确地说，新易铁路是中国人第一次独立修筑的铁路，虽然只有37公里，而且具有讽刺意味：它是为一个人祭祖修筑的铁路。

追求民主与科学的精神

追求民主与科学是近代中华民族精神的重要内容。民主与科学，虽然来自西方，但自从被介绍到中国以后，就融入中华民族精神的价值体系之中，成为重要的精神传统。中国近代知识分子不但崇尚民主与科学，更身体力行，积极推动近代中国的民主进程，发展近代中国的科学事业。这主要体现在：一是崇尚民主与科学的精神。二是实践民主与科学的精神。近代知识分子并没有满足于了解民主与科学的思想，而是把它们落实到积极践行的层面上来。

革命文豪

——章太炎的故事

章太炎（1869—1936 年），初名学乘，字枚叔。后改名绛，号太炎，浙江余杭人。清末民初民主革命家、思想家、著名学者。

章太炎 1869 年出生在浙江余杭县的一个书香门第。父亲章浚曾任县学训导，并在诂经精舍担任监院多年，好经术。章太炎 6 岁入私塾就读。9 岁随外祖父学习系统的文字音韵学。13 岁开始在父章浚、表兄章镂指导下研读许慎的《说文解字》、段玉裁的《说文解字注》、顾炎武的《音学五书》、郝懿行的《尔雅义疏》、王引之的《经义述闻》等，打下初步汉学基础。16 岁参加县试，癫痫病突然发作，没有考成。从此放弃科举，广泛涉猎经史子集，打下了深厚的国学基础。

正当章太炎埋头书斋的时候，中日甲午战争爆发，战后，清政府签订了割地赔款、丧权辱国的《马关条约》，全国大哗，改良主义的思潮也应时而兴。章太炎再也坐不住了，走出书斋去，参加了康有为发起的强学会，并于 1897 年到上海担任《时务报》的撰述。但是，他不满康有为“托古改制”、建立孔教的主张。章太炎经常和梁启超等人争吵，几经动武而愤然离去。

不久，戊戌政变发生，章太炎因为名列强学会而遭到通缉，

1899 年 6 月辗转逃亡到日本，结识了孙中山。他们经常在一起谈论时事，探求救国之道。

1903 年春，章太炎回国后，在爱国学社任教，常在各种集会上演讲，发表激烈的反清言论。这年 6 月，他又在《苏报》上发表《驳康有为论革命书》，驳斥康有为的保皇谬论，大力宣传革命。革命小将邹容也在爱国学社学习，深受章太炎器重。章太炎为他写的《革命军》一书作序，还在《苏报》上写文章介绍《革命军》。

章太炎等人的革命活动震动了清朝统治者，清朝统治者立即勾结上海租界当局，查封爱国学社和《苏报》馆。租界工部局（警察局）于 1903 年 6 月 30 日上午到报社逮人。章太炎器宇轩昂，明言相告："余人俱不在，要拿章炳麟，就是我！"章太炎被捕入狱，被判刑三年。1904 年冬，他在狱中还参与策划组织了光复会。

1906 年 6 月，章太炎刑满出狱，同盟会派人把他接往日本东京，还举行了二千人的盛会欢迎。章太炎参加了同盟会；任同盟会机关报《民报》的主编，投入《民报》对保皇派《新民丛报》的大论战，写了一系列立场鲜明的文章。在章太炎的主持下，《民报》成为揭露帝国主义、封建主义，抨击改良主义和无政府主义的阵地，"所向披靡，令人神往"。引起清廷的恐慌和仇视。1908 年，清政府派唐绍仪与日本政府交涉，日本政府出面封禁了《民报》，将章太炎传入警署，章太炎再次入狱。东京地方法院裁判厅开庭审讯，章太炎据理辩驳，无懈可击；裁判长张口结舌、理屈词穷。但是，东京地方法院对章太炎仍作出罚金 150 元或服役 150 天的判决。鲁迅、许寿裳等人代交了罚金，章太炎获释。

担任《民报》主编期间，他因为《民报》的经费问题和孙中山发生龃龉，对孙中山的革命活动由于隔阂而产生不满，便大肆攻击孙中山。1910 年 2 月，他和陶成章在东京重组光复会，任会长，与同盟会公开分裂。

1911 年 10 月武昌起义爆发，章太炎回国，竟附和立宪派“革命军兴，革命党消”的主张，要求解散同盟会。1912 年 1 月，他在上海组织中华民国联合会，自任会长。他对孙中山的误解越来越深，反对《中华民国临时约法》，又反对建都南京，甚至通电拥护袁世凯。直到 1913 年袁世凯刺杀宋教仁，野心彻底暴露，他才觉悟过来，冒着生命危险到北京去指责袁世凯，结果遭到软禁。软禁期间，他拒绝袁世凯的收买，几次逃跑都未成功。

1916 年袁世凯死后，章太炎才获得自由，参加过孙中山领导的反对北洋军阀的斗争。他见国事依然混乱，感到忧心忡忡，又因为远离群众，看不到人民群众的力量，进而心灰意冷。他回到上海，宣告杖门谢客，不再过问国事。后来又到苏州主持国学讲习会，鼓吹“读经有千利而无一弊”，认为五四新文化运动是“离经叛道”；对孙中山的三大政策以及国共合作，也都持反对态度。

1931 年“九·一八”事变发生，章太炎强烈反对蒋介石“攘外必先安内”的政策，主张坚决抵抗日本侵略。1936 年 6 月 14 日，他因气喘病逝于苏州。

章太炎是中国近代在国学上多方面深有造诣的著名学者，在文学、历史学、语言学等方面都有所贡献。著述均收入《章氏丛书》(正续三编)。

编者

章太炎首先是一个革命者，其次才是一个大学问家。他张扬国粹，却坚决而激烈地反抗权威和反抗一切束缚。受过章太炎亲自教诲的鲁迅曾经怀着敬佩的心情称颂他是“有学问的革命家”。

知识链接

《訄书》

《訄书》系国学大师章太炎研究中国传统文化与近代中国各种问题的系统总结之作，堪称一部汇集章氏著述精华的名著。《訄书》内容博大精深，除涉及国学的多个门类外，对西方学术也有论述，对当时中国的种种现实问题也作了探讨，但由于此书文笔深奥，能读懂者屈指可数。

该书1899年冬在苏州付梓，1900年7月前出版。线装一册，共50篇，另补佚两篇。后经增订，于1902年完稿，删去戊戌变法时期主张改良的文章13篇，增加宣传反清革命的文章24篇，编为63篇，另“前录”（《客帝匡谬》《分镇匡谬》）两篇出版。1904年重印于日本。1914年更名《检论》。有木刻、铅字排印本。此书概括了章太炎早年的政治社会思想，在当时影响颇大。

学界泰斗
——蔡元培的故事

蔡元培（1868—1940 年），字鹤卿，号孑民，浙江绍兴人，原籍浙江诸暨，民主主义革命家、教育家。

蔡元培 1868 年出生于风光如画的江南水乡——浙江绍兴山阴县。父亲蔡光普是钱庄经理。蔡元培 6 岁进家塾读书。后来在绍兴古越藏书楼校书，得以博览群书。从 23 岁起，蔡元培在科举考试中一帆风顺，连年告捷，顺利考中举人、进士，授翰林院庶吉士。1894 年，26 岁的蔡元培被授为翰林院编修。

1895 年甲午战争后，蔡元培开始接触西学，同情维新。1898 年，他断然抛弃了已经到手的功名利禄，去浙江一带，任绍兴中西学堂监督，提倡新学。过了两年，他又奔赴上海，出任南洋公学教习。之后，他与蒋观云等组织中国教育会，任事务长。为《苏报》撰稿，提倡民权，鼓吹革命。1902 年，蔡元培在上海创设爱国女校及爱国学社，任总理。并以《晨报》为阵地，提倡民权，宣传排满革命。1903 年，爱国学社的活动引起清政府的警觉，下令侦讯。蔡元培辗转青岛、日本、绍兴、上海等地，一方面学习德语，准备赴德留学以躲避风头；一方面仍从事教育和革命活动。

1904 年，蔡元培与陶成章、龚宝铨等在上海建立光复会，被推为会长，次年加入同盟会。1907 年 5 月，他在驻德公使孙宝琦的帮助下前往德国柏林，入莱比锡大学听课和研究心理学、美学、哲学诸学科。一面学习，一面担任唐绍仪（后任民国政府第一任内阁总理）4 个侄子的中文教师，已近不惑之年的蔡元培开始了 4 年海外留学的生活。在德 4 年，他编著了《中国伦理学史》等一批学术书籍。1911 年 11 月上旬，辛亥革命爆发，在陈其美去电催促下，蔡元培取道西伯利亚回国。

1912 年，蔡元培任南京临时政府教育总长，主张采用西方教育制度，废止祀孔读经，实行男女同校等改革措施，确立起我国资产阶级民主教育体制。二次革命失败后，携眷赴法从事学术研究，在留欧的 3 年时间里，又编撰了不少哲学美学著作。1915 年 6 月，蔡元培与李石曾、吴玉章等发起组织华法教育会，在法国倡导勤工俭学，希望以帮助更多华人到欧洲求学，后来的周恩来、邓小平等均是通过这个组织的帮助顺利在法国进行学习的。

1916 年冬，蔡元培回国任北京大学校长，支持新文化运动，提倡学术研究，主张“思想自由，兼容并包”，实行教授治校。“五四”运动中支持学生爱国行动，多方营救被捕学生。被迫辞职后，多次赴英、法等国考察教育和讲学。之后，他担任国民政府常务委员、大学院院长、中央研究院院长等职。

“九·一八”事变后，蔡元培主张抗日，拥护国共合作。1932 年与宋庆龄、鲁迅等发起组织中国民权保障同盟，积极开展抗日爱国运动。曾电救杨开慧烈士，援救许德珩等爱国民主人士，营救丁玲、朱宜权等共产党员。1940 年 3 月 5 日在香港病逝。葬香港仔山巅华人公墓。

编者

蔡元培为发展中国新文化教育事业，建立中国资产阶级民主制度作出了重大贡献，堪称“学界泰斗、人世楷模”。精深博大、顽强奋进的蔡元培，在近代中国人民的心中精心播撒着爱国、革命、民主、科学的炽烈火种。

知识链接

“兼容并包，思想自由”造就北大一代辉煌

蔡元培到北大上任不久就呈请教育部聘任陈独秀出任文科学长。蔡元培与陈独秀，个性完全不同。陈独秀锋芒逼人，而蔡元培却外圆内方，连疾言厉色都很少见。但是蔡元培看中陈独秀的，是他的新锐和毅力。蔡元培是在翻阅了十余本《新青年》后决意聘他的，一旦下定决心，就一趟趟“亲顾茅庐”。他去陈的住处拜访陈时，因陈习惯晚睡晚起，他就耐心地坐在门口的一只小板凳上，等待着年龄小他一轮的陈独秀醒来。然而起初陈独秀并不领情。因为他正在专心办杂志，而杂志是在上海办。但蔡元培的诚意和胸怀最终说服了陈独秀，使他决定将《新青年》搬到北京来办——从某种意义上说，这才有了后来以北京为中心的轰轰烈烈的新文化运动和“五四运动”。

蔡元培引进了陈独秀后，陈又引进了胡适进北大当教师。而胡适当时不过是个连博士学位还没拿到的毛头小伙——后来，胡适在他的纪念文章里曾提到，如果没有蔡元培，他的一生很可能会在一家二三流的报刊编辑生涯中度过。

陈独秀与胡适，是蔡元培“兼容并包，思想自由”的著名八字方针下的两段佳话。蔡决心以这八个字来塑造北大。在“兼容

并包”的精神下，北大吸引了中国的各路学术精英。以文科为例，从陈独秀、胡适、李大钊、钱玄同、刘半农、周作人、鲁迅，到辜鸿铭、刘师培、黄侃，大师云集。各种文化社团风起云涌。而那种“师生间问难质疑，坐而论道的学风”，那种民主自由的风气，从那时开始形成，成为北大异于其他大学、吸引后来一代又一代学子的独特传统。

宪政先驱

——宋教仁的故事

宋教仁（1882—1913 年），字遁初，号渔父，湖南桃源人。孙中山最重要的支持者之一，是国民党的筹建人之一。国民党代理事长。是中华民国初期第一位倡导内阁制的政治家。

1882 年，宋教仁出生在湖南桃源县一个破落封建地主家庭。宋教仁童年时入私塾读书。他曾接触过《扬州十日记》《嘉定屠城记》等反满作品和其祖父所著《腹笥草集》，自幼就受到传统民族意识的熏陶。1899 年，宋教仁进入漳江书院读书，书院院长黄彝寿的爱国思想对宋教仁的影响很大，促进了他反满革命思想的滋长。宋教仁经常与同学纵谈中外政治军事，发出了“中国苦满政久矣”的呼声，逐渐萌发了反清革命、救国救民的思想。

1903 年春，宋教仁考入武昌文普通中学堂。此间国内外学界抗议沙俄阴谋吞并东三省的拒俄运动正在兴起。他关心时事、国事，经常与同学田桐等议论时政，并与当时回国进行革命活动的留日学生陈天华、黄兴等联系密切。宋、黄二人在共同事业中结下了莫逆之交。不久，宋教仁回湘积极参与筹建华兴会。

1904 年春，与黄兴、陈天华、刘揆一等在长沙创立革命团体华兴会，并任副会长。这年夏天，他又参加了在武昌成立的革命小团体科学补习所，担任文书职。他全力以赴地工作，成为“所中办事极忙者”之一。同年11月，“华兴会”因欲借西太后70岁生日之机在长沙发动起义，常德、衡州等五路同时响应。他负责常德一路，但不幸消息走漏，起义尚未发动即遭失败。他只好潜离长沙，于12月逃亡到日本。宋教仁先后在东京法政大学、早稻田大学学习，并和田桐等创办《二十世纪之支那》杂志，第一期上提出用黄帝纪元代替帝王纪元，以示与清廷决裂，同时杂志上登载反满文章，宣传排满的革命主张。后因第二期登载了《日本政客之经营中国谈》一文，被日本政府以“妨害公安”罪名加以干涉，杂志全部被没收，宋教仁还遭到非法传讯。

1905年8月，中国同盟会在东京成立，宋教仁加入了同盟会并任司法部检事长、同盟会湖南分会副会长，以及同盟会机关报《民报》庶务干事兼撰述员。是年底，组织中国留日学生联合会，领导反对日本政府颁布《清国留学生取缔规则》的斗争。同时，开始着手发动武装起义，欲用武力推翻清政府的封建统治。

1907年，宋教仁被派回到东北联络“义军”，准备筹建同盟会辽东支部，以便“南北交攻，共图大举”。后因招兵失败，他再度逃亡日本。到日本后，宋教仁仍参加同盟会本部的工作，从事政治、经济与法律等学科的研究。针对日本企图侵占延吉地区，宋教仁撰写《间岛问题》一书，以大量证据证明了延吉是中国领土，揭露了日本的阴谋。事后清廷赏他为四品京堂，他表示“我是革命党人，岂能当满清政府的官?”表现了坚定的革命立场。随着革命党人在东南沿海一带起义屡次受挫之后，宋教仁和谭人凤、赵声等主张要将起义的重心转到长江流域，在中部地区发动革命起义。为此提出了革命的三策：中央革命，一举占领北京为上策；中策为长江各省同时并举，先建政府，然后北伐；边地起义为下策。他认为中策较为可行。随后便为中策的施行而奔走活动。

1910年冬天，宋教仁回到上海，任于右任创办的进步报刊《民立报》主编，撰文揭露帝国主义侵略中国的野心，抨击清朝的反动统治。1911年，广州黄花岗起义再次失败后，使他原在长江流域发动起义的信念更加坚定。他一方面积极活动，一方面在上海湖州公学成立了同盟会中部总会，预定1913年在长江各省举行大起义，注意点尤在武汉。中部总会设五总务干事，由他与谭人凤、陈其美等分别担任。之后，他又秘密往来于沪汉之间联络党人，进行起义准备工作。武昌起义爆发后，宋教仁与黄兴由沪抵汉，协助湖北都督府办理外交事宜，与居正等拟定了《鄂州临时约法》。随后，他又到南京，参与临时政府的筹组工作。

1912年1月，南京临时政府成立，宋教仁被任命为法制局总裁，协助孙中山制定了一系列法令。南北议和成功后，在唐绍仪组阁中任农林总长，后因不满袁世凯独裁专横统治，宋教仁随同唐绍仪辞职一同退出了内阁。退出内阁后，他继续为资产阶级的议会政治和政党政治而不懈斗争。他完全寄希望于西方资本主义国家的政党政治和议会政治，以为只要有一个健全的内阁就可以限制袁世凯个人权力，因此主张用政党来组成责任内阁。为了在国会中争取选票，达到建立政党内阁的目的，在1912年8月下旬，他以同盟会为基础联合其他几个小党派改组成立国民党。国民党成立后，他就投入到自己主张的实践之中，到湖南、湖北、安徽、江苏等省，到处游说宣讲，批评时弊，传播其政治主张。他不顾疲倦地到处演讲，确实得到了当时一部分人的支持。在1912年底至1913年初的国会议员选举中，新组建的国民党获得了胜利，在众议院的596个议席中，国民党独得269个；在参议院的274个议席中，国民党独得123个。

然而，他的政党政治主张已经触犯了当时貌似革命的独裁者袁世凯。袁世凯对他软硬兼施，用金钱拉拢他，派人送去一套价值3000元的西服和一张50万元支票，并表示如不够还可增加。但宋教仁坚决拒收。袁世凯见拉拢无效，便派人对他进行暗中迫害，收买流氓特务一直去跟踪他。

1913年3月20日晚10时，当他从上海准备搭车北上，在车站突遭袁世凯派遣的凶手的袭击，被击中腰部负了重伤。随即被送往附近的铁路医院进行抢救治疗，但由于枪伤太重，于22日凌晨逝世。孙中山在挽联中写道："为宪法流血，公真第一人。"

编者

宋教仁为探索一种全新的政治制度甚至献出了自己宝贵的生命，他的理想、他的精神、他的人格追求永远不能被亵渎，他对中国宪政民主的贡献永远不能被抹杀。宋教仁是一个矢志于民主事业并为此付出生命的政治家。

知识链接

中国宪政尝试的破灭

宋教仁的死打破了民初在中国实行宪政民主的梦想。他的死，导致了国民党的瓦解。国民党在宋教仁被暗杀后，失去了精神支柱和在实际中能够控驭的健将，很快就在袁世凯的利诱威逼之下四分五裂了。中国第一次、也是唯一一次宪政民主的尝试到这一步其实已经彻底破产。其中的关键就是宋教仁之死。因此当时和以后的人们都以为他的死绝非一身的存亡，而是国运所关。他的死造成了以孙中山、黄兴为代表的南方革命党人与袁世凯的彻底决裂，终于引发了二次革命。

革命燕子

——朱执信的故事

朱执信（1885—1920年），原名大符，笔名蛰伸、去非等，原籍浙江萧山，生于广东番禺。中国近代著名的资产阶级民主革命家和思想家、孙中山先生的亲密战友和得力助手、同盟会早期活动家之一，是中国最早介绍马克思、恩格斯和马克思主义的政论家之一。

1885年，朱执信出生在广东番禺一个知识分子家庭。他的祖父和父亲都是知识分子，都在广州的一些官府衙门做过幕僚。朱执信自幼受到严格的家庭教育，他聪明智慧，勤奋好学。童年时，他父亲曾请来一位塾师为他授课，然而没有几年，塾师就提出辞职，他的父亲很惊讶。塾师说："执信天资颖异，凡经书有疑问的地方，我能解释的，他也能解释。他不能解答的，我只有借助考证研究才能回答。他的学力，已能自修，故不如自修。"此后，朱执信在家自修数年，四书五经、二十四史等皆谙熟于胸中。

1902年，朱执信入广州教忠学堂，组织群智社，探求新知识。他阅读了西方资产阶级启蒙思想家的《天演论》《原富》《民约论》等著作，以及《浙江潮》等革命书刊。1904年，朱执信与古应芬、汪精卫、杜之林、胡汉民同时官费考赴留学日本。

他进入东京法政大学速成科攻读经济，主修法政经济，并攻数学、医学，通英、日两种外语。这时期的勤奋学习，为他后来所从事的理论工作打下良好基础。他在东京结识了孙中山及许多留学革命青年，接受了反清的革命思想。1905 年 7 月加入中国同盟会，被选任评议部议员兼书记，担任同盟会机关刊物《民报》主要撰稿人。以蛰伸、县解笔名在《民报》上发表多篇政论文章，批驳保皇论调，阐发孙中山的三民主义，尤其侧重阐发民生主义，驳斥改良派的谬论，主张用革命手段推翻卖国的清政府，创建独立的“中华共和国”。

1906 年 1 月，朱执信写了《德意志社会革命家小传》一文，介绍了马克思、恩格斯的革命活动和《共产党宣言》《资本论》的片段，希望社会主义学说“遍于吾国人士脑中，则庶几于社会革命犹有所资也。”由于阶级和时代的局限，译介中对科学社会主义还不能作出正确解释，但仍不失为近代中国最早把马克思的阶级斗争学说和剩余价值学说介绍给中国人的作品。

1907 年朱执信回国，在广东高等学堂、广东法政学堂和两广方言学堂任教，同时秘密进行革命活动。1910 年，他参与策划广州新军起义。次年 4 月，朱执信参加黄花岗起义，失败后逃亡香港。武昌起义后，朱执信在广东发动民军会攻省城，迫使清水师提督李准投诚，对于促成广东“兵不血刃”而光复，起了重大作用。广东光复后他任军政府总参议、广（州）阳（江）军务处督办、广东审计院院长。宋教仁案发生后，朱执信力主整顿加强军队，武力讨袁。二次革命失败后，朱执信与廖仲恺前往日本，参与孙中山领导的反袁斗争。

1914 年 9 月，朱执信奉命返粤，协助邓铿主持广东的讨袁军事，并受邓委派前往新加坡、马来西亚等地筹款，继又主持驱逐袁世凯心腹、粤督龙济光的军事活动，由于所联络的各路民军举义时不一致而失败。1915 年 11 月，奉孙中山召请赴日本筹商讨袁军事，正式加入中国革命党；12 月受命为中国革命军广东司令长官，积极开展讨袁活动。

与此同时，朱执信仍坚持理论宣传活动，为《民国》杂志撰写了许多捍卫共和、反对袁世凯专制的政论。在《无内乱之牺牲》《暴民政治者何?》及《革命与心理》等文中，揭露了袁世凯祸国殃民的罪行，驳斥了当时反动分子把革命者及其主张诋毁为“暴民”和“暴民政治”的谬论，反复指出“民心恶袁”，坚信民主革命必然胜利。

1917 年，朱执信任中华民国军政府海陆军大元帅府军事联络兼掌管机要文书。1918 年 5 月，由于滇、桂军阀破坏，孙中山领导的护法运动失败，孙中山辞去大元帅职。朱执信随其离开广州到上海，协助办理海外侨胞捐款事宜，并担任与福军及陈炯明军的联络，准备驱逐窃据广州的桂系军阀。“五四”运动期间，朱执信协助孙中山撰写《建国方略》，发表《革命党应该如何》等文，热情歌颂俄国十月革命的胜利；同时，奉命在上海创办《民国日报》副刊《星期评论》和《建设》杂志，担任编辑撰述工作。

1920 年 6 月，朱执信奉命赞助漳州护法区建设，敦促粤军回师驱逐桂系军阀，又赴广东发动各地民军。9 月 21 日，朱执信在虎门调停丘渭南部和邓钧部的矛盾时被乱枪击中牺牲，时年 35 岁。噩耗传到上海，孙中山如失左右手，称赞其为“最好的同志”“中国有数人才”。1921 年 2 月 27 日，孙参加朱执信追悼大会并撰写挽文。10 月 1 日，广州执信学校开学，孙中山亲临致辞，称颂其为“革命实行家，又为文学家”。

编者

朱执信的一生是短暂的，但他不屈不挠、顽强战斗、跟随时代前进而战斗不息的革命精神，将永葆青春，鼓舞着我们前进。

知识链接

民报——中国同盟会的机关报

1905年（光绪三十一年）11月26日在日本东京创刊。其前身是《二十世纪之支那》。社址设在同盟会总机关所在地——东京牛込区新小川町二丁目八番地（署名“群智学社”）。初为月刊，因经常脱期，改为不定期。主编先后有张继、章太炎、陶成章、汪精卫。经常撰稿人有朱执信、廖仲恺、陈天华、宋教仁、黄侃等。设图画、社论、时评、译丛、谈丛、小说、纪事、说林、来稿等栏目。以宣传同盟会的民族、民权、民生三大主义为宗旨，传播西方资产阶级社会政治学说。为资产阶级革命派的主要舆论阵地。与资产阶级改良派的刊物《新民丛报》等进行论战，倡导暴力革命和共和制度，反对改良和立宪，促进了民主革命思想的传播，扩大了同盟会的政治影响。1908年10月出版第24号时，日本政府以其“激扬暗杀”为词封禁。1910年1月复刊，2月停刊，共出26期。前五期主编是胡汉民，第6~24期是章太炎，后两期是汪精卫。孙中山撰写的《发刊词》，首次提出三民主义的主张，要求把民主革命的思想“灌输于人心，而化为常识”。《民报》除在日本发行外，大部分秘密运销于中国。创刊号重印6次，累计达6000份。以后各期的最高发行量达1.7万份。

护国将领
——蔡锷的故事

蔡锷（1882—1916 年），原名艮寅，字松坡，湖南宝庆（今邵阳）人，中国近代军事家、政治家。

蔡锷 7 岁入塾读书，14 岁考中秀才。1898 年，16 岁的蔡锷考入长沙时务学堂，受到该学堂中文总教习梁启超的赏识，并建立起深厚的师生友谊。同年 9 月，戊戌变法失败，梁启超逃亡日本，时务学堂因受牵连而被解散。蔡锷离开长沙去上海，考入南洋公学。这时，中国在腐败的清王朝统治下，山河破碎，国力孱弱，帝国主义虎视鹰瞵，民族危机空前严重。蔡锷也像许多热血青年一样，怀着急迫的心情，寻求救国救民的道路。

1899 年 7 月，蔡锷东渡日本，入陆军成城学校学习，从此开始了“军事救国”的生涯，并正式改名为锷。在日本，蔡锷一面如饥似渴地学习军事知识；一面苦苦地思索拯救中华的途径。1902 年 2 月，他在梁启超创办的《新民丛报》上发表了题为《军国民篇》的文章，阐述了他的救国救民主张。他认为中国之所以“国力孱弱，生气消沉”，主要由于教育落后，思想陈旧，体魄羸弱，武器窳劣等原因造成的。若要改变上述弊病，必须实行“军国民主义”。那么，怎样实行“军国民主义”呢？蔡锷认为“欲建造军国民，必先陶铸国魂”。至于“国魂”的具体内容是什么，蔡锷却未能做出回答。尽管如此，他的这种探索还是有意义的。当时，国内正掀起编练新军、改革军制的热潮，把练兵作为救国的“第一要义”。而蔡锷等爱国青年则认为尚武不仅需要刀剑，而且更需要精神，御侮不仅需要枪炮，更需要国魂。提出对全民进行军事教育、军事训练，以提高国民素质。这种主张，与单纯依靠改革军制以求强兵御侮的思想相比，显然视野更广阔、更深远。

1902 年 11 月，蔡锷又考入东京陆军士官学校。他思想活跃，成绩突出，与同学蒋方震、张孝准被称为“中国士官三杰”。当时，他虽然热切地希望变中国为世界第一等强国，但是还没有确立以暴力推翻清王朝的革命思想，仍然抱着从改革军事入手，帮助清廷革除弊政，借以实现富国强兵的理想。

1904 年初，蔡锷从日本士官学校毕业归国。他先后应聘于江西随军学堂监督、湖南教练处帮办、广西新军总参谋官兼总教练官、广西测绘学堂堂长、陆军小学总办等职。年轻英俊的蔡锷脚穿长筒靴，腰挎指挥刀，每天扬鞭跃马，威风凛凛，指挥练兵。他讲解精辟，技艺娴熟，要求严格，深受官兵敬佩，被赞誉为“人中吕布，马中赤兔”。不久，云南总督李经羲聘请他到云南担任军职。

1911 年 7 月，清廷发布上谕，任命蔡锷为新军第 19 镇第 37 协协统（旅长）。蔡锷开始按照自己的主张和设想，进行改造和训练滇军。当时，云南和全国一样，民族矛盾和阶级矛盾都十分尖锐，以推翻清王朝为宗旨的民主革命运动正在酝酿之中。大批同盟会会员和从日本回国的思想激进的青年军官，分布在云南陆军讲武堂和新军第 19 镇中。他们活动频繁，积极策划和组织反清革命斗争。蔡锷虽未参加同盟会，却受到日益高涨的革命形势的影响，暗中与同盟会保持联系，对革命党的活动给予同情和协助。他向同盟会员保证：一旦发生革命，一定给予“绝对同情支持”。

1911年10月，武昌起义的消息传到云南，蔡锷立即响应。他积极活动，秘密部署，于10月30日在昆明率部起义，经过两天激战，占领昆明。11月1日，起义官兵在五华山组织了“云南军都督府”，公推蔡锷为云南都督。这时，他年仅29岁。蔡锷就职后，积极更新人事，革除弊政，整顿财政，裁减军队，兴办教育，开发实业，使云南呈现出一派生气勃勃的景象。

与此同时，蔡锷看到滇、黔、桂、粤边境危机四伏，若屏藩不固，国将不国。为此，他亲自担任主编，拟定了数万言的《五省边防计划》，即西南边防协同作战计划。该计划指出，中华民国虽然已经建立，但“内讧未靖，外患思乘”，列强侵吞中国之心不死。除沙俄日本在东、北部边境地区屡挑事端外，英国侵略者也不断从印度以武力干涉西藏，法国也往越南增兵，企图进犯滇桂。在此情况下，“西南边要尤陷危险，民国全局殆哉岌岌”。因此，蔡锷呼吁滇、川、黔、桂、粤五省实行军事联合，以便随时抗击英法侵略者的军事侵略，保卫新生的共和国。这份计划草案分三编十章，分别对五省联合军的兵力编成、作战区域和协同办法，军队的集中、展开和作战步骤，以及战前准备，兵站设置，战场建设等重大问题作了详细的阐述和具体的规定。它在当时虽然未能实行，却充分体现了蔡锷的战区战略思想。

1913年10月，蔡锷被袁世凯调到北京，任全国经界局督办。他一方面领导经界局工作，一方面仍热心于军事学术活动。他与蒋方震、阎锡山等11人组织军事研究会，深入研究各种军事学术问题。其间，他不断上书袁世凯，为国防建设和军队建设献计献策，倾诉他希望建设一支强大武装力量的强烈愿望。然而，野心勃勃的袁世凯，不仅对蔡锷改革军事的热望不予理睬，反而倒行逆施，疯狂地进行军事独裁和复辟帝制活动。

袁世凯自1912年窃取中华民国临时大总统后，其政治野心不断膨胀。他残酷镇压资产阶级革命党人，打击民主共和力量，同时篡改宪法，破坏责任内阁制，强化集权统治，朝着复辟帝制的道路疾进。最初，蔡锷对袁世凯抱有幻想。但是，1915年5月7日，袁世凯与日本帝国主义秘密签订卖国的《二十一条》，深深刺痛了蔡锷，使他看清了袁世凯的反动面目。12月，袁世凯完成了复辟帝制的准备，于13日宣布接受帝位，下令取消民国，改用洪宪年号。

袁世凯复辟帝制的行为使蔡锷气愤至极，他决心以武力“为四万万人争人格”。于是他表面上装出不关心政治的样子，暗中却多次潜赴天津，与老师梁启超商量讨袁计划，并初步拟定了赴云南发动武装起义的战略设想。1915年11月，蔡锷秘密离京赴津，不久以治病为名东渡日本，后经台湾、香港、越南，于12月19日抵达昆明。蔡锷抵达昆明，加速了云南反袁武装起义的爆发。12月25日，云南通电宣布独立，众推唐继尧为云南军政府都督，组成护国军三个军，分别从四川、湘西和广西三个方向出师讨袁。蔡锷为第一军总司令，率4个梯团（旅）约8000人入川，准备对川边敌军突然袭击，出奇制胜，夺占叙州（今宜宾）、泸州诸要地，再北攻成都、东取重庆，而后挥师东下，会师武汉。

护国军以弱于敌人的兵力，在饷弹两缺，后方接济时断的情况下，与号称精锐的北洋军奋战数月，虽没有夺占泸州，却牵制住了敌军主力，阻止了敌军的推进，有力地配合了其他方向军队的行动，推动了全国反帝制运动的发展壮大。1916年3月22日，袁世凯被迫宣布取消帝制。泸州前线总司令张敬尧，见胜利无望，也在3月31日与蔡锷达成停战协议。6月6日，袁世凯在一片唾骂声中可耻地死去。

袁世凯死后，黎元洪继任民国大总统，于7月6日任命蔡锷为四川督军兼省长。但是，这时蔡锷的病情恶化，他草草处理了川省善后事宜，即于9月东渡日本治病。11月8日上午，终因医治无效，病逝于日本福冈，年仅34岁。

编者

蔡锷在护国战争中抱病参战，表现了坚定不移、临危不惧的精神和为国为民战斗到底的英雄气概。孙中山寄赠挽联写道："平生慷慨班都护，万里间关马伏波。"以班超、马援这两个历史名将作比喻，高度赞颂了这位热诚爱国、叱咤风云的青年军事家。

知识链接

国葬第一人

袁世凯死去后不到半年，蔡锷因艰苦作战，久病不医，于11月8日在日本福冈长逝，为捍卫民国献出了年仅34岁的宝贵生命。1917年4月12日，蔡公魂归故里，国民政府在长沙岳麓山为他举行国葬，蔡公也成为民国历史上的"国葬第一人"。

铮铮铁骨

——廖仲恺的故事

廖仲恺（1877—1925年），原名恩煦，又名夷白，广东归善（今惠阳）人。近代伟大的爱国主义者、中国国民党左派领袖、我国民主主义革命的先驱。

廖仲恺1877年4月出生于美国旧金山。廖仲恺少年时代在美国上学，全家虽然侨居在国外，他父亲却一直教育子女认真学习汉语。1893年，他的父亲在旧金山病故，16岁的廖仲恺陪伴患病的母亲横渡重洋，回到日夜思念的祖国。

中日甲午战争后，在维新思潮影响下，廖仲恺放弃了对中国旧学的学习，倾心西学。1896年，廖仲恺就读于香港皇仁书院。次年与何香凝在广州结婚。1902年赴日本留学，先后入早稻田大学经济预科、中央大学政治经济科，并与有志青年相互激励，萌发了反清革命思想。

1903年9月，廖仲恺与何香凝访问孙中山，向孙中山表示"想参加革命工作，愿效微力"。随后遵照孙中山指示，在日本"物识有志学生，结为团体，以任国事"。1905年9月1日加入同盟会，任同盟会总部外务部干事。随后曾奉孙中山命回国秘密进行革命活动。廖仲恺以"屠富""渊实"笔名在《民报》发表译作《进步与贫乏》《社会主义史大纲》等，是最早介绍和探索社会主义问题的中国人之一。武昌起义后在广州就任广东军政府财政部副部长。1912年5月任广东军政府财政司长，实行地税换契法、整理财政和税收等措施。宋教仁案发生后赴北京运动国会议员反袁。二次革命失败后逃亡日本，协助孙中山组织中华革命党，被任命为财政部副部长，致力于反袁斗争。1917年任中华民国军政府财政部次长、代理总长，尽力于护法事业。五四运动发生后赞扬和支持学生运动。与朱执信、胡汉民等在上海创办《建设》杂志，发表《三大民权》《〈全民政治论〉译序》等文章。

1919年10月，廖仲恺任中国国民党财政主任。他称赞十月社会主义革命是“空前之举，震慑全球，前途曙光，必能出人群于黑暗”。与朱执信等学习俄文，准备赴苏俄学习。1919年和1920年多次奉孙中山之命赴福建漳州，帮助援闽粤军的建设和解决财政困难，推动粤军回师广东，驱赶桂系军阀。

1921年5月，廖仲恺任中华民国政府财政部次长、代理总长，支持孙出兵讨桂和北伐。陈炯明公开叛变前夕，廖仲恺被囚禁于广州郊区石井兵工厂，经何香凝等营救脱险，当即乘船赴港转沪，与孙中山重新会合，协助孙中山制定“联俄、联共、扶助农工”三大政策。1923年2月与苏联代表越飞就联合宣言条款进行具体磋商。3月任陆海军大元帅大本营财政部长，5月任广东省长。10月以后他被孙中山委派为国民党改组委员、临时中央执行委员，积极参与领导改组国民党的工作。

1924年1月20日中国国民党第一次代表大会在广州开幕，廖仲恺被孙中山指派为主席团成员。在开会过程中，他坚持国共合作和反帝反封建的原则，促成了大会的成功。他当选为中央执行委员、常务委员、工人部部长。他协助孙中山筹建陆军军官学校，任该校党代表，为建立革命军而努力，被誉为“黄埔的慈母”。6月任广东省长。7月任国民党中央政治委员会委员，支持沙面工人罢工，命令各县县长协助组织农会。9月任大本营财政部长。坚持主张镇压广州商团叛乱。孙中山北上前夕任所有党军、各军官学校和讲武堂的党代表兼农民部部长。

1925年3月12日，孙中山逝世后，廖仲恺仍坚定不移地贯彻执行三大政策，密切地同中国共产党合作，支持工农革命运动，参加领导讨伐陈炯明的东征和平定杨希闵、刘震寰叛乱，支持省港大罢工。推动了中国国民革命发展。但他所做的这一切无疑令国民党右派、封建军阀和帝国主义极端不满。因此，中外反动势力都视廖仲恺为眼中钉，必欲置之于死地。

孙中山逝世不久，谢持、林森、邹鲁等人便结成所谓的“西山会议派”，背叛孙中山三大政策，破坏国民革命领导力量的团结。从1925年7月开始，国民党右派分子邹鲁、伍朝枢等人就开始集中攻击廖仲恺，散布种种谣言，企图搞垮廖仲恺，否定三大政策。面对右派反对分子的汹汹来势，廖仲恺与他们进行了不妥协的斗争。尤其使廖仲恺感到深恶痛绝的是，一部分国民党右派老党员，为了达到反共的目的，甚至不惜与北方反动军阀相勾结。5月间，廖仲恺发表了一篇《革命派与反革命派》的文章，对国民党右派作了辛辣的批判。这篇文章对邹鲁、胡毅生、林直勉、朱卓文等右派刺激很大。他们对廖仲恺恨之入骨，其中一部分人便蓄谋用卑鄙的暗杀手段除掉廖仲恺。

进入8月，满城风雨，流传着国民党右派要杀害廖仲恺的消息，一时间阴云四起，压力日增。廖仲恺面对这种情势，无所畏惧，继续孜孜不倦地工作。当他听说敌人要用机关枪杀他时，一笑置之，并对人戏言道：“暗杀用手枪炸弹是所见的，若是用机关枪，却新鲜得很。”何香凝劝他多加两个卫士防备一下，他不以为然地回答：“增加卫兵，只好捉拿刺客，并不能阻挡他们行凶。我是天天到工会、农会、学生会等团体去开会或演说的，而且一天到晚要跑几个地方，他们要想谋杀我，很可以假扮工人、农民或学生模样，混入群众中间下手的。我生平为人作事凭良心，自问没有对不起党、对不起国家，总之，生死由他去，革命我总是不能松懈一步的。”在8月18日国民政府的一次会议上，从前在廖仲恺身旁的汪精卫给他写了一张条子，告诉他有人将对他不利，他当即表示：“为党为国而牺牲，是革命家的夙愿，何事顾忌！”8月19日，又有人以确切消息报告他，廖仲恺慨然道：“际此党国多难之秋，个人生死早置之度外，所终日不能忘怀者，为罢工运动及统一广东运动两问题尚未解决！”

8月20日上午，廖仲恺偕夫人何香凝乘车前往党部开会，半路惨遭杀害。廖案发生后，国民政府迅速组成“廖案检查委员会”，追查暗杀的幕后策划者和凶手。经查明，暗杀是帝国主义和国民党右派集团干的。案情查明后，国民政府派军队搜查了胡汉民兄弟的住宅，逮捕了胡汉民的哥哥胡清瑞和林直勉，撤掉了梁鸿楷第一军军长的职务，胡毅生、朱卓文事先潜逃，胡汉民也因涉嫌离开广州，国民党右派势力受到沉重打击。

编者

廖仲恺以他的壮年生命，为中国民主革命立下了不朽的功勋，用鲜血在中华英雄史的丰碑上镌下了他那光耀人寰的英名。

知识链接

天足缘

廖仲恺和何香凝的婚姻要从一段“天足缘”说起。说起这段佳话，还得从廖仲恺的父亲廖竹宾遗留给儿子的提亲条件，以及何香凝坚决反对裹足说起。原来，廖竹宾早年进入香港汇丰银行工作。1875 年，旧金山汇丰银行分行正式开设，他担任该分行副经理的职务，由于旅居海外，饱尝欺凌、歧视和剥削压迫，所以他非常热爱祖国。他虽远离祖国，仍然教育子女不要忘了祖国，他强烈的爱国爱乡的感情和言行给廖仲恺以启蒙和熏陶，使他自小就萌发了爱国思想。廖竹宾是客家人的后代，一直未忘祖辈的习惯和乡规，根据客家人的规矩，加之亲历了旅美华侨所遭受的种种歧视，他深知小脚女人在国外被人看不起。因此，他在 1893 年病故前留下遗嘱，希望儿子能回祖国成亲，而且必须讨个大脚女子做媳妇。廖仲恺含泪答应了父亲的临终要求。

可是，在 19 世纪末，中国依然保留着女子缠足的传统陋习，要想找一个与廖家门当户对的“大脚小姐”的确不是一件容易的事。但是，天下事真是无巧不成书，比廖仲恺小一岁多，又有一双大脚的何香凝，正好符合廖仲恺的择偶条件，通过媒人的说合，他们顺利地结成了夫妻。

而何香凝的那双“天足”是靠自己顽强斗争才保住的。她出身于香港一个大地产商家庭，从小过着优裕的生活。她酷爱读书学习，从小就是“不缠足主义者”，她对那些以一双天足勇敢征战的太平军女战士非常敬佩，下定决心，无论如何决不缠足。家里人白天为她缠足，她晚上就用剪刀剪掉缠足布，剪刀被搜走后，她又设法买来一把新剪刀，藏在祭祀祖先的祭坛香炉下，等大家都睡觉以后，她再将缠足布剪掉，屡次如此，始终不屈服。最后父母也只好网开一面，由她去了。